现代酒店行业从业人员
综合素质培养

主编　樊辛

上海交通大学出版社
SHANGHAI JIAO TONG UNIVERSITY PRESS

内容提要

本教材内容共设三个部分七个模块,主要包括:现代酒店行业从业人员价值观与责任感、职业道德与法制意识、行业前景与职业选择、酒店人的阳光心理与心态、职业精神培养与职场驾驭力、艺术素养与职业平台、表达能力与职场自信及专业综合能力与职业拓展机会等,其形式和体例也以引导探索思考、知识和信息传授与课堂实践相结合为主流。

本书为高职酒店专业专门教材,也可作为酒店行业相关人员培训参考。

图书在版编目(CIP)数据

现代酒店行业从业人员综合素质培养／樊辛主编
. —上海:上海交通大学出版社,2022.3
ISBN 978－7－313－25471－9

Ⅰ.①现…　Ⅱ.①樊…　Ⅲ.①饭店—从业人员—职业
道德　Ⅳ.①F719.2

中国版本图书馆 CIP 数据核字(2021)第 190018 号

现代酒店行业从业人员综合素质培养
XIANDAI JIUDIAN HANGYE CONGYE RENYUAN ZONGHE SUZHI PEIYANG

主　编:樊　辛
出版发行:上海交通大学出版社　　　　地　址:上海市番禺路 951 号
邮政编码:200030　　　　　　　　　　电　话:021－64071208
印　制:当纳利(上海)信息技术有限公司　经　销:全国新华书店
开　本:787 mm×1092 mm　1/16　　　印　张:9.25
字　数:230 千字
版　次:2022 年 3 月第 1 版　　　　　　印　次:2022 年 3 月第 1 次印刷
书　号:ISBN 978－7－313－25471－9
定　价:58.00 元

习近平总书记在 2018 年全国教育大会上的重要讲话

培养什么人,是教育的首要问题。我国是中国共产党领导的社会主义国家,这就决定了我们的教育必须把培养社会主义建设者和接班人作为根本任务,培养一代又一代拥护中国共产党领导和我国社会主义制度、立志为中国特色社会主义奋斗终生的有用人才。这是教育工作的根本任务,也是教育现代化的方向目标。

要在坚定理想信念上下功夫,教育引导学生树立共产主义远大理想和中国特色社会主义共同理想,增强学生的中国特色社会主义道路自信、理论自信、制度自信、文化自信,立志肩负起民族复兴的时代重任。要在厚植爱国主义情怀上下功夫,让爱国主义精神在学生心中牢牢扎根,教育引导学生热爱和拥护中国共产党,立志听党话、跟党走,立志扎根人民、奉献国家。要在加强品德修养上下功夫,教育引导学生培育和践行社会主义核心价值观,踏踏实实修好品德,成为有大爱大德大情怀的人。要在增长知识见识上下功夫,教育引导学生珍惜学习时光,心无旁骛求知问学,增长见识,丰富学识,沿着求真理、悟道理、明事理的方向前进。要在培养奋斗精神上下功夫,教育引导学生树立高远志向,历练敢于担当、不懈奋斗的精神,具有勇于奋斗的精神状态、乐观向上的人生态度,做到刚健有为、自强不息。要在增强综合素质上下功夫,教育引导学生培养综合能力,培养创新思维。要树立健康第一的教育理念,开齐开足体育课,帮助学生在体育锻炼中享受乐趣、增强体质、健全人格、锤炼意志。要全面加强和改进学校美育,坚持以美育人、以文化人,提高学生审美和人文素养。要在学生中弘扬劳动精神,教育引导学生崇尚劳动、尊重劳动,懂得劳动最光荣、劳动最崇高、劳动最伟大、劳动最美丽的道理,长大后能够辛勤劳动、诚实劳动、创造性劳动。

要努力构建德智体美劳全面培养的教育体系,形成更高水平的人才培养体系。要把立德树人融入思想道德教育、文化知识教育、社会实践教育各环节,贯穿基础教育、职业教育、高等教育各领域,学科体系、教学体系、教材体系、管理体系要围绕这个目标来设计,教师要围绕这个目标来教,学生要围绕这个目标来学。凡是不利于实现这个目标的做法都要坚决改过来。

编 辑 组 成 员

序

　　为了更好地贯彻习近平总书记关于"要用好课堂教学这个主渠道,思想政治理论课要坚持在改进中加强,提升思想政治教育亲和力和针对性,满足学生成长发展需求和期待,其他各门课都要守好一段渠、种好责任田,使各类课程与思想政治理论课同向同行,形成协同效应"的教育思想,也为落实党的十八大、十九大和高校思想政治工作会议精神,为真正实现提升大学生综合素养目标,上海城建职业学院公共管理与服务学院坚持开展以"厚人文、强专业、精技能、重实践、国际化"为目标的人才培养教育工作,酒店管理专业率先开设《综合素质培养》课程,向"强化爱国情怀,打开学生视野,提升学生气质,增强学生自信,培养学生能力"的育人方向努力,成效显著,得到了社会各界的关注和支持。

　　本书是在积累了12年课堂教学经验的基础上,充分吸纳行业企业骨干、优秀学长和专任教师的思想理念、理论研究、实践体会等精华,结合该课程的教学特点,沿课程设计主线,认真梳理和修改,初步完成的教学试用本。其形式和格局不同于传统教材,主要以阐述分析为主,表现方式以引入探索思考讨论为设计主流,以企业人员和主讲教师的授课内容为主版,以优秀学长的心得为佐证支撑,以充沛信息量和丰富多彩的版面等形式来呈现,希望走出一条启发式、引导式、探讨式及重实践的活页教材建设之路。通过各种活动素材累积和训练目标设计来实现第一课堂和第二课堂紧密结合以提升课程成效,是本教材的特点之一。本书得以完成的过程,也是校企合作、校校合作的中高职贯通联合办学践行人才培养新内涵的实践过程。

　　酒店管理专业开设并不断改革完善"综合素质培养"课程已有12年,教材编写整理等工作也一直在进行中。由于该课程的时代性非常强,知识更新相当快,定稿有相当的难度,所以我们一直在不断探索、更新、充实和完善其内涵和内容。现虽已成书,但仍然存在许多不足之处,希望得到各界的支持、帮助、指导和批评,编者不胜感激。

编　者

2020 年 2 月

目　　录

第三部分　文化涵养与职业发展

第一部分

政治修养与职业发展

第一章　价值观与责任感

第一节　国家前途命运与个人成长发展

"今天,社会主义中国巍然屹立在世界东方,没有任何力量能够撼动我们伟大祖国的地位,没有任何力量能够阻挡中国人民和中华民族的前进步伐。"在庆祝中华人民共和国成立70周年大会上,习近平总书记深情礼赞中国的昨天,深刻把握中国的今天,豪迈展望中国的明天。他铿锵有力的话语,彰显了一个大国的坚定信念,激扬起一个大国的雄心壮志,昭示着一个民族的光辉未来。他向世界喊出了全体中华儿女的心声,也喊出了中华民族几千年来的时代最强音。

改革开放四十多年来,我们的祖国一步步走向富强,经济繁荣,社会稳定,人民安居乐业,开创了我国历史上的空前盛世。2010年,我国制造业增加值超过美国成为制造业第一大国。2018年,我国制造业增加值占全世界的份额达到28%以上。如今,中国已成为全世界唯一拥有联合国产业分类中所列全部工业门类的国家,工业增加值从1952年的120亿元增加到2018年的30多万亿元,增长约971倍,年均增长11%,成为世界第一制造业大国和世界网络大国,在世界500多种主要工业产品当中,中国有220多种工业产品,产量居全球第一。

目前,我国已拥有41个工业大类、207个工业中类、666个工业小类,形成了独立完整的现代工业体系。截至2017年底,全国规模以上工业有效发明专利数为93.4万件。很多技术已"领跑"世界,发电、输变电、轨道交通和通信设备等产业已处于国际领先地位。工业化信息化深度融合,智能制造发展成果显著。2018年,我国数字经济的规模达到了31.3万亿元,居全球第二。截至2018年底,全国中小企业和个体工商户数量超过1亿家,贡献了60%以上的GDP和70%以上的技术创新成果。

实现伟大梦想,没有坦途可走。越是接近民族复兴,越不会一帆风顺,越充满风险挑战乃至惊涛骇浪。习近平总书记深刻指出:"夺取坚持和发展中国特色社会主义伟大事业新进展,夺取推进党的建设新的伟大工程新成效,夺取具有许多新的历史特点的伟大斗争新胜利,我们还有许多'雪山'、'草地'需要跨越,还有许多'娄山关'、'腊子口'需要征服,一切贪图安逸、不愿继续艰苦奋斗的想法都是要不得的,一切骄傲自满、不愿继续开拓前进的想法都是要不得的。"

个人的前途只有与国家的前途命运一致,才更有价值,才能更好地实现。个人利益要服从国家利益,在就业方面要联系到国家需要。每个青年都应该有报效祖国的志向,青年的志向抱负很大程度上关系到国家的方方面面,青年是国家的希望和未来,要有为祖国建设出力的思想准备,要努力掌握科学知识,用科学武装头脑。

"青年兴则国家兴,青年强则国家强。青年一代有理想、有本领、有担当,国家就有前途,民族就有希望。"这是习近平总书记对新时代广大青年的勉励之言。在国家的危难时刻,青年人总是挺身而出,为民族利益呼号呐喊。在和平年代,青年人同样是国家建设的中坚力量,为民族复兴不懈奋斗。青年有什么样的人生追求,不仅关系着个人的成长进步,而且关系着国家和民族前途。作为新时代的青年人,我们要坚定理想信念,听党话、跟党走,把个人的理想与民族的复兴、国家的命运紧密联系在一起,为国家发展、社会进步、民族富强奠定强大的后备力量。

"青年处于人生积累阶段,需要像海绵汲水一样汲取知识。广大青年抓学习,既要惜时如金、孜孜不倦,下一番心无旁骛、静谧自怡的功夫,又要突出主干、择其精要,努力做到又博又专、愈博愈专。"青年是人生中的重要战略机遇期,我们必须利用好这一黄金时期,珍惜时间大量汲取知识来增长才干,埋头苦读,勤奋进取,学好专业知识,注重把所学知识运用到实践中去,争取为新时代全面建设社会主义现代化贡献自己的聪明才智。青年有信仰,国家才会有力量,民族才会有希望。青年的思想觉悟、道德水平、文明素养是全社会文明程度的重要标志。青年人要把修德当作必修课来对待,树立正确的理想信念,努力用中国特色社会主义和中国梦指导自己,树立正确的历史观、民族观、国家观、文化观。青年要自觉参与到公民道德建设工程中去,在推进社会公德、职业道德、家庭美德、个人品德建设的过程中锻炼自己,提高自己。

习近平总书记在中国共产党的十九大报告中指出:"历史车轮滚滚向前,时代潮流浩浩荡荡。历史只会眷顾坚定者、奋进者、搏击者,而不会等待犹豫者、懈怠者、畏难者。全党一定要保持艰苦奋斗、戒骄戒躁的作风,以时不我待、只争朝夕的精神,奋力走好新时代的长征路。"作为当代的青年,应努力把"笃实"融入到自己的工作。要树立低调务实干实事的态度,把小事当成大事干,做一个认真实干的人,努力为自己的人生增加厚度和宽度,为夺取新时代中国特色社会主义伟大胜利、实现中华民族伟大复兴的中国梦、实现人民对美好生活的奋斗目标贡献自己的力量。

【课堂工作页】

1. 请思考一下,大学生的职业综合素养主要表现在哪些方面? 与同伴交流并记录交流成果。

政治修养:

_____

_____

文化涵养:

_____

_____

职业素养:

_____

_____

综合情商:

_____

_____

2. 请写下《中华人民共和国国歌》歌词。

中华人民共和国国歌
（义勇军进行曲）

田汉 作词
聂耳 作曲

_____

_____

_____

_____

_____

_____

_____

_____

【知识链接】

2004 年 3 月 14 日，第十届全国人民代表大会第二次会议通过了《中华人民共和国宪法修正案》，正式规定中华人民共和国国歌为《义勇军进行曲》。2017 年 9 月 1 日，第十二届全国人民代表大会常务委员会第二十九次会议通过《中华人民共和国国歌法》，于 2017 年 10 月 1 日起正式实施。其中第四条规定，在下列场合应当奏唱国歌：

（一）全国人民代表大会会议和地方各级人民代表大会会议的开幕、闭幕；
中国人民政治协商会议全国委员会会议和地方各级委员会会议的开幕、闭幕；

（二）各政党、各人民团体的各级代表大会等；

（三）宪法宣誓仪式；

（四）升国旗仪式；

（五）各级机关举行或者组织的重大庆典、表彰、纪念仪式等；

（六）国家公祭仪式；

（七）重大外交活动；

（八）重大体育赛事；

（九）其他应当奏唱国歌的场合。

《中华人民共和国国歌法》第八条规定，国歌不得用于或者变相用于商标、商业广告，不得在私人丧事活动等不适宜的场合使用，不得作为公共场所的背景音乐等。

1. 请描述中华人民共和国国旗形状、比例及国旗上图案象征的意义。

形状	
比例	
图案象征意义	

2020 年 10 月 17 日,第十三届全国人民代表大会常务委员会第二十二次会议通过《关于修改〈中华人民共和国国旗法〉的决定》,并于 2021 年 1 月 1 日起施行。

《中华人民共和国国旗法》于 1990 年 6 月 28 日第七届全国人民代表大会常务委员会第十四次会议通过,根据 2009 年 8 月 27 日第十一届全国人民代表大会常务委员会第十次会议《关于修改部分法律的决定》第一次修正,根据 2020 年 10 月 17 日第十三届全国人民代表大会常务委员会第二十二次会议《关于修改〈中华人民共和国国旗法〉的决定》第二次修正。

《中华人民共和国国旗法》第四条 中华人民共和国国旗是中华人民共和国的象征和标志。每个公民和组织,都应当尊重和爱护国旗。第十九条 不得升挂或者使用破损、污损、褪色或者不合规格的国旗,不得倒挂、倒插或者以其他有损国旗尊严的方式升挂、使用国旗。不得随意丢弃国旗。破损、污损、褪色或者不合规格的国旗应当按照国家有关规定收回、处置。大型群众性活动结束后,活动主办方应当收回或者妥善处置活动现场使用的国旗。第二十三条 在公共场合故意以焚烧、毁损、涂划、玷污、践踏等方式侮辱中华人民共和国国旗的,依法追究刑事责任;情节较轻的,由公安机关处以十五日以下拘留。

2. 请写出中华人民共和国国徽的组成元素,并描述国徽表达的内涵。

组成元素名称	表 达 内 涵

《中华人民共和国国徽法》于 1991 年 3 月 2 日第七届全国人民代表大会常务委员会第十八次会议通过,根据 2009 年 8 月 27 日第十一届全国人民代表大会常务委员会第十次会议《关于修改部分法律的决定》第一次修正,根据 2020 年 10 月 17 日第十三届全国人民代表大会常务委员会第二十二次会议《关于修改〈中华人民共和国国徽法〉的决定》第二次修正。

《中华人民共和国国徽法》第十三条 国徽及其图案不得用于:(一) 商标、授予专利权的外观设计、商业广告;(二) 日常用品、日常生活的陈设布置;(三) 私人庆吊活动;(四) 国务院办公厅规定不得使用国徽及其图案的其他场合。第十四条 不得悬挂破损、污损或者不合规格的国徽。

3. 请查询资料,列举十八大以来我国的十项科创成果。

_____

_____

4.请与同学讨论,这些科创成果对我国经济发展的重要性。

【知行合一】

小组活动,诗歌朗诵。具体要求如下。

(1)为诗歌选择一个合适的背景音乐。

(2)8位同学组成一个小组,由组长分配各自承担的任务。

(3)每组均进行展示交流。

《让我们共同颂扬——今天的中国》

A:中国,一个正在迈向更为强大的国家。

B:十八大以来,取得了经济建设稳居世界第二、数十项创世界第一的科创成就。

A、B 合:她,正在向全球诠释着全新的"中国制造"。

C:中国,一个包容而又伟大的国家。

D:遵循习近平主席提出的"人类命运共同体思想"和"一带一路"倡议,已全面实施了全球共同发展战略。

D、C 合:她,正努力向世界贡献着"中国智慧"和"中国方案"。

E:中国,一个正在走向法治更为完善的国家。

F:十三届全国人大一次会议表决通过了《中华人民共和国宪法修正案》。

E、F 合:她,将指引拥有五十六个民族、十四亿人口的大国建成法制更为健全的特色社会主义强国。

H:中国,团结而又幸福的国家。

G:养老和医疗保障体系正在不断完善,精准扶贫的成效越来越显著。

H、G 合:她,使人民的幸福指数年年不断攀升。

合:中国,我爱你,中国!

【学长心得】

厉害了,我的国! 厉害了,我的城建酒店!

16 级酒店管理专业　孔　剑

建国 70 多年来,我国取得了举世瞩目的成就。十八大以来展开的脱贫攻坚战,大大缩小了贫富之间的差距。中国,在世界上已经不仅仅是一个国家的称谓,更多的是世界对中国的认同和尊敬，中国创新、创新中国正在一步步地实现。中国桥、中国路、中国车、中国港、中国网，成就 14 亿多人福祉的中国梦，已触手可及。在我国各项基础设施不断完善、国防科技实力不断增强的背后，少不了经济的支持和推动。我国近年来经济发展迅速，自 2016 年开始 GDP 赶超日本，成为世界第二大经济强国，且 5 年内全球 GDP 累计增长率高达 40%，是美国的 2.5 倍。

随着我国经济的不断发展，社会基础设施的不断完善，人们的消费水平不断提高，生活的方式也随之变得多元化。我国酒店业的发展亦是如此，自 1978 年我国实行对外开放政策，促进了我国旅游业的发展，我国的酒店业也进入了一个新的发展时期。一批经典酒店腾空出世，如广州白天鹅宾馆、中国大饭店、北京建国饭店等。而在这之前，我们对酒店的认识还停留在政府机构"招待所"和小型社会旅馆的范畴之中。而在 40 多年后的今天，我国的酒店行业又将迎来了新的发展机遇。中国的人口总数占了全世界的 20%，仅仅通过数字来对比，中国大众消费市场是全球最大的市场已经是不争的事实。早在 20 年前，全中国五星级酒店数量不过百家，而在 20 年后，全国五星级酒店的数量就增长了 8 倍。由于科技的快速发展，诸多的职业和工作岗位都已被人工智能代替或即将被取代，但是酒店业曾被众多专家和学者认定是 21 世纪最不可能被人工智能代替的行业之一。

作为一个学习酒店管理专业的学生，我从刚进校门的时候就怀揣着一个属于自己的酒店梦，在校期间严格要求自己，学习酒店的各项专业技能，积极配合专业老师开展各项活动，努力提高自己的综合素质。在校学习的两年中，我更加深刻认识了酒店行业的发展潜力和我校为国家和社会培养专业酒店人才所付出的努力和初衷。城建酒店已在我们众多酒店学子的心中种下了一颗种子，每个人都在努力地拼搏着、不断地向外界吸取养分，想让自己快速地成长起来，成为一个技术全面、经验丰富的职业酒店人，为我国的酒店事业和社会经济发展贡献自己的力量。

【我的感悟】

第二节　正确的人生价值观确立

【习近平总书记寄语】

青年要自觉践行社会主义核心价值观
——在北京大学师生座谈会上的讲话

各位同学,各位老师,同志们:

今天是五四青年节,很高兴来到北京大学同大家见面,共同纪念五四运动95周年。首先,我代表党中央,向北京大学全体师生员工,向全国各族青年,致以节日的问候! 向全国广大教育工作者和青年工作者,致以崇高的敬意!

刚才,朱善璐同志汇报了学校工作情况,几位同学、青年教师分别作了发言,大家讲得都很好,听后很受启发。这是我到中央工作以后第五次到北大,每次来都有新的体会。在洋溢着青春活力的校园里一路走来,触景生情,颇多感慨。我感到,当代大学生是可爱、可信、可贵、可为的。

五四运动形成了爱国、进步、民主、科学的五四精神,拉开了中国新民主主义革命的序幕,促进了马克思主义在中国的传播,推动了中国共产党的建立。五四运动以来,在中国共产党领导下,一代又一代有志青年"以青春之我,创建青春之家庭,青春之国家,青春之民族,青春之人类,青春之地球,青春之宇宙",在救亡图存、振兴中华的历史洪流中谱写了一曲曲感天动地的青春乐章。

北京大学是新文化运动的中心和五四运动的策源地,是这段光荣历史的见证者。长期以来,北京大学广大师生始终与祖国和人民共命运、与时代和社会同前进,在各条战线上为我国革命、建设、改革事业作出了重要贡献。

党的十八大提出了"两个一百年"奋斗目标。我说过,现在,我们比历史上任何时期都更接近实现中华民族伟大复兴的目标,比历史上任何时期都更有信心、更有能力实现这个目标。

行百里者半九十。距离实现中华民族伟大复兴的目标越近,我们越不能懈怠、越要加倍努力,越要动员广大青年为之奋斗。

光阴荏苒,物换星移。时间之河川流不息,每一代青年都有自己的际遇和机缘,都要在自己所处的时代条件下谋划人生、创造历史。青年是标志时代的最灵敏的晴雨表,时代的责任赋予青年,时代的光荣属于青年。

广大青年对五四运动的最好纪念,就是在党的领导下,勇做走在时代前列的奋进者、开拓者、奉献者,以执着的信念、优良的品德、丰富的知识、过硬的本领,同全国各族人民一道,担负起历史重任,让五四精神放射出更加夺目的时代光芒。

同学们、老师们!

大学是一个研究学问、探索真理的地方,借此机会,我想就社会主义核心价值观问题,同各位同学和老师交流交流想法。

我想讲这个问题,是从弘扬五四精神联想到的。五四精神体现了中国人民和中华民族近代以来追求的先进价值观。爱国、进步、民主、科学,都是我们今天依然应该坚守和践行的核心价值,不仅广大青年要坚守和践行,全社会都要坚守和践行。

人类社会发展的历史表明，对一个民族、一个国家来说，最持久、最深层的力量是全社会共同认可的核心价值观。核心价值观，承载着一个民族、一个国家的精神追求，体现着一个社会评判是非曲直的价值标准。

古人说："大学之道，在明明德，在亲民，在止于至善。"核心价值观，其实就是一种德，既是个人的德，也是一种大德，就是国家的德、社会的德。国无德不兴，人无德不立。如果一个民族、一个国家没有共同的核心价值观，莫衷一是，行无依归，那这个民族、这个国家就无法前进。这样的情形，在我国历史上，在当今世界上，都屡见不鲜。

我国是一个有着13亿多人口、56个民族的大国，确立反映全国各族人民共同认同的价值观"最大公约数"，使全体人民同心同德、团结奋进，关乎国家前途命运，关乎人民幸福安康。

每个时代都有每个时代的精神，每个时代都有每个时代的价值观念。国有四维，礼义廉耻，"四维不张，国乃灭亡。"这是中国先人对当时核心价值观的认识。在当代中国，我们的民族、我们的国家应该坚守什么样的核心价值观？这个问题，是一个理论问题，也是一个实践问题。经过反复征求意见，综合各方面认识，我们提出要倡导富强、民主、文明、和谐，倡导自由、平等、公正、法治，倡导爱国、敬业、诚信、友善，积极培育和践行社会主义核心价值观。富强、民主、文明、和谐是国家层面的价值要求，自由、平等、公正、法治是社会层面的价值要求，爱国、敬业、诚信、友善是公民层面的价值要求。这个概括，实际上回答了我们要建设什么样的国家、建设什么样的社会、培育什么样的公民的重大问题。

中国古代历来讲格物致知、诚意正心、修身齐家、治国平天下。从某种角度看，格物致知、诚意正心、修身是个人层面的要求，齐家是社会层面的要求，治国平天下是国家层面的要求。我们提出的社会主义核心价值观，把涉及国家、社会、公民的价值要求融为一体，既体现了社会主义本质要求，继承了中华优秀传统文化，也吸收了世界文明有益成果，体现了时代精神。

富强、民主、文明、和谐，自由、平等、公正、法治、爱国、敬业、诚信、友善，传承着中国优秀传统文化的基因，寄托着近代以来中国人民上下求索、历经千辛万苦确立的理想和信念，也承载着我们每个人的美好愿景。我们要在全社会牢固树立社会主义核心价值观，全体人民一起努力，通过持之以恒的奋斗，把我们的国家建设得更加富强、更加民主、更加文明、更加和谐、更加美丽，让中华民族以更加自信、更加自强的姿态屹立于世界民族之林。

建设富强民主文明和谐的社会主义现代化国家，实现中华民族伟大复兴，是鸦片战争以来中国人民最伟大的梦想，是中华民族的最高利益和根本利益。今天，我们13亿多人的一切奋斗归根到底都是为了实现这一伟大目标。中国曾经是世界上的经济强国，后来在世界工业革命如火如荼、人类社会发生深刻变革的时期，中国丧失了与世界同进步的历史机遇，落到了被动挨打的境地。尤其是鸦片战争之后，中华民族更是陷入积贫积弱、任人宰割的悲惨状况。这段历史悲剧决不能重演！建设富强民主文明和谐的社会主义现代化国家，是我们的目标，也是我们的责任，是我们对中华民族的责任，对前人的责任，对后人的责任。我们要保持战略定力和坚定信念，坚定不移走自己的路，朝着自己的目标前进。

中国已经发展起来了，我们不认可"国强必霸"的逻辑，坚持走和平发展道路，但中华民族被外族任意欺凌的时代已经一去不复返了！为什么我们现在有这样的底气？就是因为我们的国家发展起来了。现在，中国的国际地位不断提高、国际影响力不断扩大，这是中国人民用自己的百年奋斗赢得的尊敬。想想近代以来中国丧权辱国、外国人在中国横行霸道的悲惨历史，真是形成了鲜明对照！

中华文明绵延数千年,有其独特的价值体系。中华优秀传统文化已经成为中华民族的基因,植根在中国人内心,潜移默化影响着中国人的思想方式和行为方式。今天,我们提倡和弘扬社会主义核心价值观,必须从中汲取丰富营养,否则就不会有生命力和影响力。比如,中华文化强调"民惟邦本"、"天人合一"、"和而不同",强调"天行健,君子以自强不息"、"大道之行也,天下为公";强调"天下兴亡,匹夫有责",主张以德治国、以文化人;强调"君子喻于义"、"君子坦荡荡"、"君子义以为质";强调"言必信,行必果"、"人而无信,不知其可也";强调"德不孤,必有邻"、"仁者爱人"、"与人为善"、"己所不欲,勿施于人"、"出入相友,守望相助"、"老吾老以及人之老,幼吾幼以及人之幼"、"扶贫济困"、"不患寡而患不均",等等。像这样的思想和理念,不论过去还是现在,都有其鲜明的民族特色,都有其永不褪色的时代价值。这些思想和理念,既随着时间推移和时代变迁而不断与时俱进,又有其自身的连续性和稳定性。我们生而为中国人,最根本的是我们有中国人的独特精神世界,有百姓日用而不觉的价值观。我们提倡的社会主义核心价值观,就充分体现了对中华优秀传统文化的传承和升华。

价值观是人类在认识、改造自然和社会的过程中产生与发挥作用的。不同民族、不同国家由于其自然条件和发展历程不同,产生和形成的核心价值观也各有特点。一个民族、一个国家的核心价值观必须同这个民族、这个国家的历史文化相契合,同这个民族、这个国家的人民正在进行的奋斗相结合,同这个民族、这个国家需要解决的时代问题相适应。世界上没有两片完全相同的树叶。一个民族、一个国家,必须知道自己是谁,是从哪里来的,要到哪里去,想明白了、想对了,就要坚定不移朝着目标前进。

去年12月26日,我在纪念毛泽东同志诞辰120周年座谈会上讲话时说:站立在960万平方公里的广袤土地上,吸吮着中华民族漫长奋斗积累的文化养分,拥有13亿中国人民聚合的磅礴之力,我们走自己的路,具有无比广阔的舞台,具有无比深厚的历史底蕴,具有无比强大的前进定力。中国人民应该有这个信心,每一个中国人都应该有这个信心。我们要虚心学习借鉴人类社会创造的一切文明成果,但我们不能数典忘祖,不能照抄照搬别国的发展模式,也绝不会接受任何外国颐指气使的说教。

我说这话的意思是,实现我们的发展目标,实现中国梦,必须增强道路自信、理论自信、制度自信,"千磨万击还坚劲,任尔东南西北风"。而这"三个自信"需要我们对核心价值观的认定作支撑。

我为什么要对青年讲讲社会主义核心价值观这个问题?是因为青年的价值取向决定了未来整个社会的价值取向,而青年又处在价值观形成和确立的时期,抓好这一时期的价值观养成十分重要。这就像穿衣服扣扣子一样,如果第一粒扣子扣错了,剩余的扣子都会扣错。人生的扣子从一开始就要扣好。"凿井者,起于三寸之坎,以就万仞之深。"青年要从现在做起、从自己做起,使社会主义核心价值观成为自己的基本遵循,并身体力行大力将其推广到全社会去。

广大青年树立和培育社会主义核心价值观,要在以下几点上下功夫。

一是要勤学,下得苦功夫,求得真学问。知识是树立核心价值观的重要基础。古希腊哲学家说,知识即美德。我国古人说:"非学无以广才,非志无以成学"。大学的青春时光,人生只有一次,应该好好珍惜。为学之要贵在勤奋、贵在钻研、贵在有恒。鲁迅先生说过:"哪里有天才,我是把别人喝咖啡的工夫都用在工作上的。"大学阶段,"恰同学少年,风华正茂",有老师指点,有同学切磋,有浩瀚的书籍引路,可以心无旁骛求知问学。此时不努力,更待何时?要勤于学习、敏于求知，注重把所学知识内化于心，形成自己的见解，既要专攻博览，又要关心国家、关心人民、关心世界，学会担当社会责任。

二是要修德，加强道德修养，注重道德实践。"德者，本也。"蔡元培先生说过："若无德，则虽体魄智力发达，适足助其为恶。"道德之于个人、之于社会，都具有基础性意义，做人做事第一位的是崇德修身。这就是我们的用人标准为什么是德才兼备、以德为先，因为德是首要、是方向，一个人只有明大德、守公德、严私德，其才方能用得其所。修德，既要立意高远，又要立足平实。要立志报效祖国、服务人民，这是大德，养大德者方可成大业。同时，还得从做好小事、管好小节开始起步，"见善则迁，有过则改"，踏踏实实修好公德、私德，学会劳动、学会勤俭，学会感恩、学会助人，学会谦让、学会宽容，学会自省、学会自律。

三是要明辨，善于明辨是非，善于决断选择。"学而不思则罔，思而不学则殆。"是非明，方向清，路子正，人们付出的辛劳才能结出果实。面对世界的深刻复杂变化，面对信息时代各种思潮的相互激荡，面对纷繁多变、鱼龙混杂、泥沙俱下的社会现象，面对学业、情感、职业选择等多方面的考量，一时有些疑惑、彷徨、失落，是正常的人生经历。关键是要学会思考、善于分析、正确抉择，做到稳重自持、从容自信、坚定自励。要树立正确的世界观、人生观、价值观，掌握了这把总钥匙，再来看看社会万象、人生历程，一切是非、正误、主次，一切真假、善恶、美丑，自然就洞若观火、清澈明了，自然就能作出正确判断、作出正确选择。正所谓"千淘万漉虽辛苦，吹尽狂沙始到金"。

四是要笃实，扎扎实实干事，踏踏实实做人。道不可坐论，德不能空谈。于实处用力，从知行合一上下功夫，核心价值观才能内化为人们的精神追求，外化为人们的自觉行动。《礼记》中说："博学之，审问之，慎思之，明辨之，笃行之。"有人说："圣人是肯做工夫的庸人，庸人是不肯做工夫的圣人。"青年有着大好机遇，关键是要迈稳步子、夯实根基、久久为功。心浮气躁，朝三暮四，学一门丢一门，干一行弃一行，无论为学还是创业，都是最忌讳的。"天下难事，必作于易；天下大事，必作于细。"成功的背后，永远是艰辛努力。青年要把艰苦环境作为磨炼自己的机遇，把小事当作大事干，一步一个脚印往前走。滴水可以穿石。只要坚韧不拔、百折不挠，成功就一定在前方等你。

核心价值观的养成绝非一日之功，要坚持由易到难、由近及远，努力把核心价值观的要求变成日常的行为准则，进而形成自觉奉行的信念理念。不要顺利的时候，看山是山、看水是水，一遇挫折，就怀疑动摇，看山不是山、看水不是水了。无论什么时候，我们都要坚守在中国大地上形成和发展起来的社会主义核心价值观，在时代大潮中建功立业，成就自己的宝贵人生。

同学们、老师们！

党中央作出了建设世界一流大学的战略决策，我们要朝着这个目标坚定不移前进。办好中国的世界一流大学，必须有中国特色。没有特色，跟在他人后面亦步亦趋，依样画葫芦，是不可能办成功的。这里可以套用一句话，越是民族的越是世界的。世界上不会有第二个哈佛、牛津、斯坦福、麻省理工、剑桥，但会有第一个北大、清华、浙大、复旦、南大等中国著名学府。我们要认真吸收世界上先进的办学治学经验，更要遵循教育规律，扎根中国大地办大学。

鲁迅先生说："北大是常为新的，改进的运动的先锋，要使中国向着好的，往上的道路走。"党的十八届三中全会吹响了全面深化改革的号角，也对深化我国高等教育改革提出了明确要求。现在，关键是把蓝图一步步变为现实。全国高等院校要走在教育改革前列，紧紧围绕立德树人的根本任务，加快构建充满活力、富有效率、更加开放、有利于学校科学发展的体制机制，当好教育改革排头兵。我也希望北京大学通过埋头苦干和改革创新,早日实现几代北大人创建世界一流大学的梦想。

教师承担着最庄严、最神圣的使命。梅贻琦先生说:"所谓大学者,非谓有大楼之谓也,有大师之谓也。"我体会,这样的大师,既是学问之师,又是品行之师。教师要时刻铭记教书育人的使命,甘当人梯,甘当铺路石,以人格魅力引导学生心灵,以学术造诣开启学生的智慧之门。

各级党委和政府要高度重视高校工作,始终关心和爱护学生成长,为他们放飞青春梦想、实现人生出彩搭建舞台。要全面深化改革,营造公平公正的社会环境,促进社会流动,不断激发广大青年的活力和创造力。要强化就业创业服务体系建设,支持帮助学生们迈好走向社会的第一步。各级领导干部要经常到学生们中去、同他们交朋友,听取他们的意见和建议。

现在在高校学习的大学生都是20岁左右,到2020年全面建成小康社会时,很多人还不到30岁;到本世纪中叶基本实现现代化时,很多人还不到60岁。也就是说,实现"两个一百年"奋斗目标,你们和千千万万青年将全过程参与。有信念、有梦想、有奋斗、有奉献的人生,才是有意义的人生。当代青年建功立业的舞台空前广阔、梦想成真的前景空前光明,希望大家努力在实现中国梦的伟大实践中创造自己的精彩人生。

我相信,当代中国青年一定能够担当起党和人民赋予的历史重任,在激扬青春、开拓人生、奉献社会的进程中书写无愧于时代的壮丽篇章!

2014年五四青年节,习近平总书记与北大师生座谈时指出,青年处在价值观形成和确立的时期,抓好这一时期的价值观养成十分重要。青年时期的价值观养成好比"穿衣服扣扣子",如果第一粒扣子扣错了,剩余的扣子都会扣错。人生价值观是人的精神世界的核心,是人的灵魂。

大学生要想走好人生之路,实现人生价值,就必须树立正确的人生价值观,这也是大学生思想品德修养的根本目标和首要内容。所谓人生价值,是指人生对于满足社会、他人和自身需要所具有的意义。人生价值包含了多方面的丰富内容,最基本的是两个方面:一是人生对他人和社会的价值,即社会价值;二是人生对自我的价值,即自我价值。马克思主义价值观既重视人的社会价值,又重视人的自我价值,认为人的社会价值与自我价值是互为前提、不可分割的。但同时也指出,人的社会价值与自我价值不是平列的,社会价值是人的根本价值。人的社会价值决定人的自我价值,社会价值是第一位的,自我价值是第二位的。马克思主义的人生价值理论,为我们正确认识和树立人生价值观提供了一把钥匙。

一个人的价值追求有多高,人生境界就会有多高。作为大学生,一定要树立正确的价值观、人生观,正确规划自己的人生,找准新的努力方向,学会生存、学会学习、学会创造、学会奉献,把个人的价值追求与为人民服务统一起来。其中,最核心的就是学会如何做人,学会做一个符合国家繁荣富强与社会不断进步发展所需要的人格健全的人,做一个能正确处理人与人、人与社会、人与自然关系并使之能协调发展的人,做一个有理想、有道德、有高尚情操的人,做一个有利于社会、有利于人民、有利于国家的人。

树立正确的人生价值观,需要我们每个大学生自觉实践,勇于探索,读书好学,革新创造。特别是注意要从点滴做起,从身边小事做起,求真务实,把学校的思想政治教育渗透到我们的日常学习、生活的各个环节之中,加强社会价值的行为规范,经过价值实践的反复强化,锻炼敏锐的思维,形成良好的判断能力,进而确立正确的人生价值观,努力使自己成为21世纪社会发展需要的会生存、善学习、勇于创新的复合型人才。这样才能在整体上有效帮助我们每个大学生树立正确的价值观,摆正社会价值和个体价值、道德价值和功利价值之间的关系,切实地肩负起建设有中国特色社会主义现代化的伟大使命,真正实现人生的价值。

【课堂工作页】

1. 请和小组成员讨论交流,作为大学生在以下三个方面如何树立正确的人生价值观?

对名利	
对工作	
对生活	

2. 阅读以下案例,思考并回答问题。

"守岛夫妻"家国情怀感动中国

开山岛位于我国黄海前哨,距离最近的陆地燕尾港 12 海里,面积只有 0.013 平方公里,战略位置十分重要。1985 年部队撤防后,县"人武部"曾先后派过 4 批 10 多位民兵守岛,都因条件艰苦不愿长期值守。1986 年 7 月,时任"人武部"政委找到王继才,作为民兵营长,面对组织委派,他毫不犹豫接受了守岛任务。48 天后,妻子王仕花来到岛上,看到"野人"般的丈夫,眼泪夺眶而出,拉着王继才要回去。而王继才平静却坚定地说:"你回去吧,我决定留下! 你不守我不守,谁守?"20 多天后,妻子辞去了村小学教师的工作,将两岁大的女儿托付给了婆婆,毅然上岛与丈夫并肩值守。从那以后,王继才夫妻每天做的第一件事就是升国旗。守岛 32 年,他们自己掏钱更换国旗近 200 面。有一次,海上刮起 12 级台风,王继才为了把山顶国旗降下来,一脚踩空,摔断了两根肋骨。王继才经常讲:"人与外界隔离了,心要时刻与祖国连在一起。"32 年来,他们听坏的收音机就有 20 多台。每次听到海防形势有微妙变化,他们都会提高警惕,自觉加强巡逻。王继才、王仕花夫妇忍受着家人离别和荒岛的孤苦,守卫着开山岛上的一石一木、军事设施,并观测相关信息。

中国核潜艇之父:黄旭华

黄旭华,中国第一代核动力潜艇研制创始人之一,被誉为"中国核潜艇之父"。1958 年,我国批准核潜艇工程立项。那时中苏关系尚处于"蜜月期",依靠苏联提供部分技术资料是当初考虑的措施之一。1959 年,苏联提出中断对中国若干重要项目的援助,对中国施加压力。毛泽东听后发誓:"核潜艇,一万年也要搞出来。"曾有过几年仿制苏式常规潜艇经历又毕业于上海交通大学造船系的黄旭华被选中参研核潜艇。

30 多年中,黄旭华的 8 个兄弟姐妹都不知道他搞核潜艇,父亲临终时也不知他是干什么的,母亲从 63 岁盼到 93 岁才见到儿子一面。

核潜艇是集核电站、导弹发射场和海底城市于一体的尖端工程,中国的核潜艇研制工作是从一个核潜艇玩具模型一步一步开始的。

为研制核潜艇,新婚不久的黄旭华告别妻子来到试验基地,后来他把家安在了小岛上。为了艇上千万台设备和上百公里长的电缆、管道,他要联络全国 24 个省市的 2 000 多家科研单位,工程复杂。那时没有计算机,他和同事用算盘和计算尺演算出成千上万个数据。

1964 年,黄旭华终于带领团队研制出我国第一艘核潜艇,使中国成为世界上第五个拥有核潜艇的国家。

1988 年,核潜艇按设计极限在南海做深潜试验,黄旭华亲自下潜 300 米,成为世界上核潜艇总设计师亲自下水做深潜试验的第一人。

黄旭华曾先后多次获得国家科学技术进步特等奖、全国科学大会奖等,为国防事业、我国核潜艇事业的发展做出了重要贡献。

以上两篇案例的主人公都是用实际行动践行社会主义核心价值观。作为新时代的大学生,我们该怎么做?

_____

_____

_____

_____

_____

_____

_____

【知识链接】

《我和我的祖国》是张藜作词、秦咏诚作曲、李谷一原唱的爱国主义歌曲,创作和发行于 1985 年。该曲歌词以第一人称的手法诉说了"我和祖国"息息相连、一刻也不能分离的心情,作者将"我"和"祖国"比喻为孩子和母亲,又将"祖国"和"我"比喻为大海和浪花,这两个具象而生动的比喻,准确又动情,表达了个人和祖国之间亘古不变的情感。

【知行合一】

3. 请和小组成员一起排练歌曲《我和我的祖国》,并制作精美视频给大家展示。

我和我的祖国

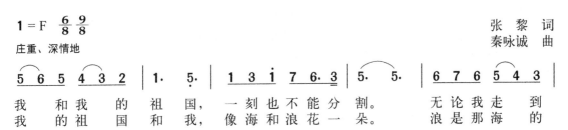

| 2. | 6. | 7 6 5 5 1 2 | 3. 3. | 5 6 5 4 3 2 | 1. 5. |

哪　里，　　都流出一首赞歌，　　我歌唱每一座　高山，
赤　子，　　海是那浪的依托，　　每当大海在　微笑，

| 1 3 1 7 2. 1 | 6. 6. | 1 7 6 5. | 6 5 4 3. | 7 6 5 2 |

我歌唱每一条　河，　　袅袅炊烟，小小村落，路上一道
我就是笑的漩涡，　　我分担着海的忧愁，分享海的欢

| 1. 1. | 1 2 3 2 1 6 | 9/8 7 6 3 5. 5. | 6/8 1 2 3 2 1 6 |

辙。　我最　亲爱的　祖　国，　　我永远紧依着
乐。　我最　亲爱的　祖　国，　　你是大海

| 9/8 7 5. 3 6. 6. | 6/8 5 4 3 2. | 7 6 6 5 3. | 4. 2 1 |

你的心窝，　　你用你那　母亲的脉搏，　和我诉
永不干涸，　　永远给我　碧浪清波。　心中的

结束句

| 1. 1 0 ‖: 1 2 3 2 1 6 | 7 6. 3 5. 5. | 1 2 3 2 1 6 |

说。　我最　亲爱的　祖　国，　　你是大海
歌。

| 7 5. 3 6. 6. | 5 4 3 2. | 7 6 5 3. | 5. 2 1 | 1. 1. ‖

永不干涸，　永远给我　碧浪清波，　心中的歌。

【学长心得】

正确的价值观在职场选择中的重要作用

13 级酒店管理专业　詹文华

什么是自我价值观？

个人的家庭环境、教育环境等不同，价值观自然而然就会不同。只有当我们清晰了解自己的价值观后，才不会盲目去追求、去相信别人，才能正确做出自己的选择。

以下 15 种价值观是从人生价值观中提炼的，即成就感、美感的追求、挑战、健康、收入与财富、独立性、爱、家庭、人际关系、道德感、欢乐、权利、安全感、自我成长、协助他人，其中我最看重的是成就感、挑战、独立性、自我成长。在职业生涯中我们总是要不断地做出妥协和放弃，这是不可避免的。当我们认清了自己的价值观后，才能在选择时知道如何取舍。

就拿我自己来说，当我还是在校生的时候，我就清楚知道不能碌碌无为、平平淡淡度过自己的大学生活。我想在大学里成长，想去挑战新鲜事物……于是我报名参加了校学生会广播台。因为我想让自己成长而选择学生会，所以我愿意也喜欢付出比别人多一倍的精力去学习舞台经验，也会为自己争取上台机会。正是因为珍惜每次机会，也努力去成长学习，在校学生会广播台里我学到的越来越多，得到的关注和认可也越来越多。但是只有我自己知道，为了站在舞台上我有多么努力。如果我只是随波逐流，和大家一样都选择了去学生、会去社团，那么在我还没有弄清楚自己想要学习什么、想要得到什么之前，就会因为要背枯燥的台词、反复训练舞台走姿、训练微笑，以及在各个活动现场做维持工作给其他人热场等琐碎的事情而被打败。因为，我没有想要坚持的价值和理想。与其说是理想，我更愿意说是自己的信念。当有了自己正确的价值观，有了信念之后，你感受到的所有辛苦都甘之如饴。

我后来被院长选中去参加比赛，因为自己的英文缺陷一开始并不想参与其中，我怕自己失败，怕自己辜负大家的信任。当院长看出我的顾虑时，她鼓励我，我记得特别清楚，她告诉我在比赛过程中，我的铺台姿势、我的微笑、我的自信都是我的优势。为什么要因为怕英文放弃一次这么好的机会？英语又不是天生缺陷，只要努力去练习，一天不行就两天，两天不行就三天，难道一点英文都搞不定吗？后来我明白了，只要勤奋能搞定的事情都不是事情！因为，只要你愿意去做，时间会给你的勤奋最好的答复。我坚信"人生在勤，勤则不匮。"

参加实习工作后，我也是一贯秉持着"合理表现自己，为整体做出贡献"的信念。一开始选择中餐服务的时候，身边的亲戚好友以及父母都不是很支持我的选择，他们觉得我的起步可以更好一点。可是，我更愿意去选择我喜欢的而且做想要做的工作。事实证明，我选择的中餐服务真的很适合我。从实习生一步一个脚印，到实习还未结束的时候被选派至香港培训，转正之后成为实习生培训员。从接待VIP开始积累接待服务经验，到后来尝试挑战培训工作。我把自己积累到的经验通过系统化的整理用来培训新来的实习生们。在大学里的主持经验、实习期的接待经验、单位组织外出学习培训的经验等，这些都为我之后的培训工作做了巨大的铺垫，帮助我在后来各部门"潜在培训师"的比赛里荣获一等奖。

当酒店总经理离职去了新的酒店，他询问我愿不愿意跟着他去创造新的奇迹的时候，我动摇了，因为如果待在原单位，不出一年我就可以升餐厅领班，而离开，所有的一切都要重新开始。后来，我决定走出自己的舒适圈，选择离开。因为我不想自己的所见所闻所学都在一个地方，我想去看更广阔的世界。我从一名餐厅VIP培训员成为五星级酒店的餐饮销售主任，我管理着风格迥异的6家酒店自有餐厅，日常工作就是和餐厅经理配合，为各个餐厅制订销售计划，安排各个餐厅的预订，包括大型团队活动，一起配合销售餐厅产品，等等。这份工作与我之前工作内容、环境、压力完全不同。在第一个月，我就接近崩溃，因为我发现自己支撑不起这份工作里的所有内容。无论是我的销售技巧，还是对市场敏感度的把握以及对餐厅所有产品的了解，即使每天加班，可是依旧感到迷茫。在面临崩溃的时候，我一度觉得自己坚持不下去，想放弃。可是，我想了一想当初为什么要放弃安逸的工作生活，选择挑战自己呢？不就是为了接触新的东西，有更多的学习机会，让自己变得能更加独立自主有眼界吗？在不断调整心理状态的基础上，也在领导的帮助下，我把自己所欠缺的点一个个写出来，然后从最容易的点开始学习——了解六家餐厅的基本信息、餐厅产品、卖点、缺陷，跟着领导学习和第三方合作平台洽谈合作，摸索如何更好地将自己的产品推广给有意向的顾客，多看多学习其他酒店类似餐饮产品推广方式，等等。经过半年的学习还有工作，我逐渐掌握了现在岗位的工作技能，找到了对工作的热情,并且想去征服下一次的困难。当你还在积累阶段的时候,不要去想着自己能得到多少工资,而是应该问自己能够给企业带来什么。当你能快速说出你的答案的时候,你也就不用去考虑工资多少了。

　　作为一名党员,我自始至终坚持的是,只要肯脚踏实地,勤勉自立,并且勇于挑战,你就能得到你想得到的。最后要感谢党和国家,给了我们这么好的时代可以充分做自己。分享习近平总书记说过的一句话:时间之河川流不息,每一代青年都有自己的际遇和机缘,都要在自己所处的时代条件下谋划人生、创造历史。青年是标志时代的最灵敏的晴雨表,时代的责任赋予青年,时代的光荣属于青年。

【我的感悟】

_____

_____

_____

_____

_____

_____

_____

_____

_____

_____

_____

_____

第三节　大学生的社会责任和担当

　　责任是一种催人奋进的力量,是一种担当的情怀。责任与担当是中华民族的优良传统,大禹治水"三过家门而不入",这是对亿万苍生的责任与担当;诸葛亮"鞠躬尽瘁,死而后已",这是对整个蜀国的责任与担当;林则徐"苟利国家生死以,岂因祸福避趋之",这是对华夏民族的责任与担当。

　　中华民族波澜壮阔的历史,是与一批又一批有志青年不断探索和英勇奋斗紧密相连的,无数青年为了民族独立、人民解放和国家富强,用生命唤醒无知,用热血点燃青春。作为新时代的大学生,我们要具有身逢其时、重任在肩的责任担当意识。责任担当教育也是大学生思想政治教育的重要内涵之一,是近年来在大学生思想政治教育中日益凸显出来的一个重要领域。一代人有一代人的长征,一代人有一代人的担当。大学时期是青年学生世界观、人生观、价值观形成并固化的关键时期,作为当代大学生要明确责任,具有担当意识并内化为自主行为,培养自身服务社会的能力,具有谋划和引领社会发展的责任感和追求。

在 21 世纪的今天,对于中国来说,新的世纪将是中华民族实现伟大复兴的世纪。作为一名当代大学生,具备责任意识与担当意识,对祖国和民族的未来关系重大。作为大学生,要学会共事和正确处理各种矛盾,学会正确辨别是非,明确所担负的责任;要坚持义利统一的价值导向,当不同利益发生冲突时,要顾全大局,先公后私,自觉使个人局部的利益服从整体利益;坚持以国家和人民利益为重,通过为社会提供有效服务,来换取自己的应得之利。

作为当代的大学生,我们应该着眼于中国的基本国情,立足于自身的实际情况。努力学习科学文化知识,踏踏实实地打好基础。同时,要开阔自己的视野,拓宽自己的心胸,提高自己的综合素质,特别是要提高自己的思想政治素质和人文修养,为建设现代化的新中国做好充分的准备。

伟大的科学家钱学森年轻时留学美国,在学有所成之后不顾美国政府的反对,执意回到祖国效力。他放弃了优越的生活环境,放弃了高额薪水,立志报效祖国,这是何等的担当精神!在那个国防建设如火如荼的年代里,他再一次展示了担当之道。“我的事业在中国,我的成就在中国,我的归宿在中国”,这是我国航天之父、导弹之父钱学森对祖国的挚爱之言。他立志双手重新抓住的是中国导弹事业,扶起的亦是中华民族不屈的灵魂。

林则徐是我国清朝时期著名大臣,也是民族英雄。在列强横行中国、霸我主权之时,林则徐经过近 2 年和帝国主义的抗争,收缴近 2 万箱烟土,合计 200 多万斤,在虎门全部销毁。万里销烟,雄壮虎门,壮我国人。他冷对昏君,怒对贪官,担当起“开眼看世界”的责任。他含恨被贬,忠而被忘,仍心念强国图存的责任!“苟利国家生死以,岂因祸福避趋之”,他拥有的是一颗英武的民族心。

雷锋,他是一名平平常常的人民子弟兵,没有显著的家庭背景,也没有过人的头脑与才华,但他却成了中国人民的榜样。这样的成就,与他一生的行为举动及言语有关,他从来没有与人民发生过摩擦,常常把自己的工资捐给一些孤儿和贫困的人,而他吃穿却很简单。正因他处处为人民着想,勇于担当,使他成了中国人民学习的榜样。

德阳市“东汽”中学教师谭千秋,在“5.12”大地震时更是保护了 4 个学生的生命。在地震发生的一瞬间,谭千秋双臂张开趴在课桌上,身下死死地护着 4 个学生。救援人员发现他的时候,4 个学生都活着,而谭老师留给我们的却是那个张开双臂的永远的姿态。

【课堂工作页】

1. 请向同伴描述您做过最有担当的一件事。

2. 作为当代大学生的我们需要承担哪些社会责任？

对自己：

对他人：

对社会：

对祖国：

3. 您如何理解担当在"行"不在言。

4. 2021 年 7 月 1 日是中国共产党成立 100 周年纪念日,请和同伴交流,作为当代大学生,你们是如何理解"中国共产党人的初心使命、责任担当"的。

【知行合一】

小组活动,诗歌朗诵。具体要求如下。

（1）为诗歌选择一个合适的背景音乐。

（2）6 位同学组成一个小组,由组长分配各自承担的任务。

（3）每组均进行展示交流。

《感 谢 与 期 待》

A：我们来自祖国的西南边陲,彩虹之巅,云岭之南。

B：我们来自祖国的塞上明珠,美丽的草原。

C：我们出生和成长在这个国际大都市,上海。

D：从东海之滨,到苏皖山川,从齐鲁之地,到赣浙泉边。

E：我们从祖国的大江南北,相聚在黄浦江畔。

F：我们相识于上海城市管理学院，相知于这温暖快乐的"旅游家园"。

合：我们，从踏入校园的那天起，就把未来的规划和发展寄希望于这里。

我们期待着在老师们的教导帮助下，不断充实和完善自己，并从这里从容而又自信地走向未来！

A：我们感谢——

团队中的每一位学子，互相关心，互相帮助，互相鼓励，克服一个又一个学习和生活中的难题，携手走过一个又一个春秋。

B：我们感谢——

团队中的每一位成员，为我们旅游学院这个团队努力地付出。在老师们的组织和指导下，经过勤学苦练，仅2015年我们便获得了许多令人鼓舞的佳绩：

C：荣获上海市"星光计划"第六届职业院校技能大赛酒店管理(餐饮服务)项目团体第一名和个人奖前四名；

D：荣获上海市"星光计划"第六届职业院校技能大赛英语导游服务项目团体第一名和个人奖第一、三等奖；

E：荣获上海市"星光计划"第六届职业院校技能大赛普通话导游服务项目团体第二名和个人奖二、三等奖；

F：荣获上海市"星光计划"第六届职业院校技能大赛前台管理个人三等奖；

A：荣获上海市第十一届酒节首届调酒大赛第三名；

B：校"红歌会"七连冠属于我们；

校运动会上我们风采依旧：

C：方阵第一和第二，使我们又创下了四连冠的佳绩；

男女团体第一，分别被酒店14(2)班和酒店14(1)班夺得；

个人奖中，我们夺得了六枚金牌，各项奖牌共15枚；

D：我们感谢——

校领导班子和各管理部门及联合办学的各校领导对我们旅游学院一直以来的大力支持、理解和鼓励，使我院的规模得以不断扩大，教学资源得到不断充实，实习实训条件得到不断改善，中高职贯通联合办学工作扎实而高效运转。

E：我们感谢——

我们的老师，为了我们能尽快适应职场的环境，更早地得到社会企业的认可和重用，以行业需求为标准，多年来坚持科学而又扎实的教学改革，向着现代职教目标不断地突破。

F：我们感谢——

我们的老师，放弃了一个又一个休息日、节假日，去参加了一个又一个职业培训，高标准、职业化的知识和技能的传授与训练，让我们增强了走出校门的自信与底气。

A：我们感谢——

我们的老师，为了提升我们的综合素质和职业修养，通过开设独具特色的"综合素质培养"课程，让我们与企业家和优秀学长及老师们进行精彩演讲交流；

B：陪伴我们坚持数年的晨训、晨练、晨读和每一次大小活动为我们精心策划、组织、细心安排和全方位指导，都让我们感动不已，受益匪浅。

A：老师们的付出，终于得到了回报。

他们获得了上海市优秀教学团队的光荣称号；

由钱院长率领的环测教学团队获得了上海市中高职贯通教学比武三等奖。

B：我们感谢——

校企合作单位的领导们，你们给了我们踏上人生大舞台足够的勇气和力量。

C：走出校门进入企业开始顶岗实习，尚未脱离学生气息的我们遇到困难和挫折，常会产生逃离的念头。

D：是你们，给予了我们一次又一次的宽容和理解，不仅在业务上手把手教我们，更是带领我们不断融入企业文化，学习处理人际关系，从容面对挫折和压力。

E：我们感谢——

企业的领导们，把我们城院旅游专业的学生从顶岗实习就开始纳入了企业人才培养的宏伟计划中，给我们搭好了事业起步与发展的平台。

合：尊敬的校领导们，尊敬的企业家们，亲爱的老师们，

请接受我们——

城院旅游专业学子们来自内心深处真诚的感谢及对你们深深地祝福！

A+B：我们期待——

未来的校园生活更加丰富多彩，我们将从中得到更多的锻炼！

C+D：我们期待——

旅游管理学院在校党委的领导下，在各部门各联合办学的院校的支持和努力下，更快更好地发展。

E+F：我们期待——

企业的领导们给予我们更多的指导和帮助，使我们在企业中更快地成长、成才，早日成为社会的栋梁。

合：2016 年正在向我们走来，我们期待着明天，明天会更加美好！

【学长心得】

遇见你的遇见，遇见更好的自己

13 级酒店管理专业　潘子豪

无论何时何地，无论是刚刚进入校园，还是即将毕业走出校园，你们也许会发现，随着年龄的增长所面临的问题会越来越多、面对的烦恼也会越来越多。当然凡事都有两面性，一方面这并不是坏事，说明你在不断地走向成熟，生活的经历促使你的思维在不断地思考，同时也让你的思维在不断地走向成熟。另一方面，想得太多会纠结，也会迷茫。人非圣贤，我像你们这么大的时候，我也迷茫，我也纠结，我也有着许许多多的烦恼，如又收到了喜欢的女生发来的"好人卡"、即将面临的期末考试、四六级考试、专升本考试、未来职业发展，等等。

但也许有人会在心里嘀咕：我没有烦恼，我从不迷茫。我相信有这样的人，乐观不是什么坏事，总比抑郁强。这些人要么已经有着明确的目标、清晰的规划，知道自己想要干什么，所以不会迷茫。另一种人，也许就是活在当下，拥有着积极乐观的生活态度。大家不要误会，我不是想引起辩论。只是作为你们曾经的学长用文字的形式跟你们分享一些我的经历与感悟，所以这也就是我写这篇文章的初衷，既然花了时间，用心去写，那我希望我做的事是件有意义的

事,不希望写出来的内容是东拼西凑且空洞的。

人为什么会迷茫?从思维的角度来说是思维的成熟,从事物的客观性上来说,是面临的问题太多,又或者说是选择太多但可供选择的太少。如何去解决?清晰的规划、人生的目标……这些都是后话,在此之前,希望大家明确一点——责任。

责任这个词在生活中一定是高频词语,还记得在文章的一开始,我提出的那个问题——什么是责任吗?

作为学生,我们的责任是好好学习;作为企业员工,我们的责任是爱岗敬业努力工作;未来为人父母,我们的责任是养育自己的孩子,这些其实都是责任。珍爱生命、茁壮成长是对自己负责,成年之后要为自己的行为负责,这是国家法律所规定的,这同样是对自己负责。我们经历过9年义务教育后发现,读书其实不是为老师而读,也不是为家长而读。以后你更会发现,你做的工作不是为了你的老板而做,而是为了能够立足社会、能够创造价值和实现自己的价值而做。

那么对自己负责和迷不迷茫有什么关联?怎样算是对自己负责?前段时间有部很火的电影《西虹市首富》,试问谁不想一夜暴富?谁不想过着优渥的生活?看到自己喜欢的东西就买,不必在乎标价,一房间的衣服鞋子、一箱子的口红、一车库的豪车……追求美好生活是每个人的权利,让自己过得更好能不能算对自己负责?我觉得可以算对自己负责之一。如果说我们会迷茫是因为没有目标或者说没有选择,那对自己负责、让自己过得更好能不能成为我们的目标?能不能成为我们奋斗的动力?没有选择,我们能不能通过自己的努力给自己多创造点选择?选择太多,我们能不能通过自己的努力给自己一个最好的选择?

回想我的大学生活,也曾经迷茫过,理想和现实总是有差距的,而这个差距往往不是一点点。但这就是现实,这就是生活,我必须从容地接受,因为在未来,我们可能并没有选择。既然迷茫,那先给自己找点事情做,哪怕读本书也好,可以扩展一下阅读量。很多事情明明我们知道很困难,但我们依旧努力地去尝试,别让自己后悔,这也是对自己负责。

未来你们走向社会,会面临更多的挑战与责任,但请记住你们的初心——做一个勇于担当、敢于承担责任的人。古人云:"天下兴亡,匹夫有责。"首先你要对自己负责,这样才有能力不断地对他人、对这个社会、对这个国家负责。不要虚度光阴,把生命中的每一天当作生命中的最后一天过。

遇见你的遇见,遇见更好的自己,加油,我的学弟学妹们。

【我的感悟】

_____

_____

第二章 职业道德与法制意识

第一节 文明道德修养养成

党的十九大以来,精神文明建设工作以习近平总书记重要讲话精神为指引,把培养时代新人作为着眼点,培育和践行社会主义核心价值观,引导全社会树立文明观念、提高文明程度、形成文明风尚,不断推动人民在理想信念、价值理念、道德观念上紧紧团结在一起,为实现"两个一百年"奋斗目标和中华民族伟大复兴的中国梦凝聚强大精神力量。

梁启超先生说:"少年智则国智,少年富则国富,少年强则国强,少年独立则国独立。"作为一名 21 世纪的大学生,肩负着光荣而神圣的历史重任,是社会主义事业的建设者和接班人,必须要加强自身道德修养,提高文明素质。鲁迅先生说:"中国欲存争于天下,其首在立人,人立而后凡事举。"所谓"立人",便是要完善人的思想和文明修养。人的文明修养并不是与生俱来的,而是靠后天不断完善的。作为大学生要致力于读书求学,完善自身的认知水平。当我们的认知到达一定水平,就有了明辨是非的能力。有了分辨是非善恶的能力,就要端正自身的心态,不违背自己的良知,努力使自己的一言一行都符合社会道德的标准。

一个人文明道德素养的形成是长期的、反复的、逐步提高的过程,关键在于养成。在日常生活和学习中,我们要通过自我克制、遵守学校教育规章等多种养成手段,逐渐让文明行为成为自己的一个习惯。早在春秋战国时期《论语·学而》中就提到:"吾日三省吾身,为人谋而不忠乎? 于朋友交而不信乎? 传不习乎?"意思是我们每天都要多次自觉省察自己,查看为别人做的事是否尽心竭力,与朋友交往是否诚心诚意,老师传授的学业是否温习了。简而言之,就是我们自查"忠""信""习"。古人云:"金无足赤,人无完人。"任何人都会有缺点,但是通过不断地自省和学习能让自己更上一层楼。

社会的发展离不开道德的进步,人民盼望道德文明进步。只要我们坚定信心,从我做起,从一点一滴做起,集小善为大善,中华民族的传统美德必将得到弘扬。而我们作为大学生,不仅要有扎实的科学专业知识,更要具有文明的行为举止、深厚的道德涵养来提升自己的综合能力。我们要认清当前我国的社会需求和经济发展趋势,深刻认识个人综合素质提高和道德修养养成的意义,养成主动、积极的习惯,克服思想障碍,大胆探索创新,认真学习实践,注重形成特色,自觉主动培养坚定、矢志不渝的坚强毅力。

【课堂工作页】

1. 我们生活在社会当中,理应遵守公共文明,树立公共文明意识,这是公民作为主体对他人权利的尊重。请至少列举五条我们应该遵守的社会公共文明。

序号	社 会 公 共 文 明
1	
2	
3	
4	
5	

2. 在大学的生活和学习过程中,我们也要遵守教室、宿舍、食堂就餐等文明,请至少列举五条在校园中见到的不文明现象,并写出正确的做法。

序号	不 文 明 现 象	正 确 的 做 法
1		
2		
3		
4		
5		

3. 请和同伴举出一个因扰乱公共秩序而产生严重后果的典型案例,并讨论破坏公共秩序的危害。

_____

_____

_____

_____

_____

_____

_____

4. 作为酒店管理专业学生,请结合自己的专业所学,写出10条酒店文明用语。

序　号	酒店文明用语	序　号	酒店文明用语

（续表）

序　号	酒店文明用语	序　号	酒店文明用语

5. 阅读以下案例,并写出自己的感悟。

全国道德模范赵传宇事迹

赵传宇,1984 年 2 月出生,河南省唐河县人。2003 年至 2007 年就读于长江大学机械工程学院。2007 年 1 月,他纵身跳进冰冷的长江,勇救不慎落水的张多平老人。2007 年 7 月,赵传宇被评为全国见义勇为模范、全国十佳“三好学生标兵”。

2007 年 1 月 22 日下午,76 岁的张多平老人在长江荆江段江边洗衣服时不慎滑入江中。正在江边散步的赵传宇听到呼救声,从一百多米外跑来,来不及脱掉衣服、鞋子便纵身跃入江中,在刺骨湍急的江水中急速游到老人身边,他一手托起老人头部,另一只手朝岸边划去。两人的棉衣因浸水越来越沉,赵传宇也越来越吃力,他奋力游到岸边,把老人推上岸,老人得救了。上岸后,别人询问他的名字,赵传宇笑而不答,裹着湿透的棉衣,从人群中悄然离去。事后,张多平老人一家和热心邻居经多方打听,才了解到救起老人的年轻人叫赵传宇,是长江大学的学生。张多平家人为了感谢赵传宇,硬要给他 2 000 元,在推辞不了的情况下,赵传宇将这笔钱捐给了希望工程。

赵传宇的事迹赢得了社会各界人士的赞誉。一位 87 岁高龄的著名作家在给赵传宇的信中写道:“这一切都使我陷入深深的感动中,并使我透过历史,重新看到雷锋的身影,雷锋高尚的灵魂!”湖北省高校工委、省教育厅授予他“湖北省优秀大学生”光荣称号;共青团河南省委、省青联联合授予他“河南省见义勇为好青年”荣誉称号。2007 年 9 月 18 日,赵传宇被评为全国道德模范。

【我的感悟】

读了这篇文章,谈谈你从赵传宇的事迹中感悟最深的是什么? 并写下来。

_____

_____

_____

_____

_____

_____

_____

_____

_____

_____

_____

_____

_____

_____

【知行合一】

您所在的专业系部要举行一次以"公共生活 文明参与"为主题的活动,请和小组成员一起协助系部完成下列任务。具体要求如下。

（1）制作一份宣传海报,主题为"文明伴我行"或"道德伴我行"。

（2）每个小组在校园内采访10位同学,听听他们对大学生文明道德修养方面的见解,并记录下来。

（3）6位同学组成一个小组,由组长分配各自承担的任务。

（4）每组进行成果展示并做交流。

第二节　青春与法制同行

党的十八届四中全会提出要"深入开展法治宣传教育,把法治教育纳入国民教育体系",其目的是在全社会"树立法制意识",进而"使全体人民都成为社会主义法治的忠实崇尚者、自觉遵守者、坚定捍卫者"。任何一个社会的正常运行都需要社会调节机制来维持正常的秩序,道德和法律就是社会的两大调节机制,两者共同担负着调节社会关系和稳定社会秩序的功能。作为当代大学生,肩负着实现中华民族伟大复兴的历史重任,在学习科学知识的同时,大学生的法制观念以及法律意识如何,将直接关系和影响着我国社会的法制建设。

我国《刑法》分则中规定的犯罪有10大类,即危害国家安全罪、危害公共安全罪、破坏社会主义市场经济秩序罪、侵犯公民人身权利、民主权利罪、侵犯财产罪、妨害社会管理秩序罪、危害国防利益罪、贪污贿赂罪、渎职罪;以及军人违反职责罪。共计400多个罪名。据有关部门统计,目前大学生犯罪已涉及5类共10多个罪名,如盗窃、抢劫、诈骗、绑架、杀人、伤害、强奸等。其中,在大学校园里面,70%以上的刑事案件主要涉及盗窃罪、诈骗罪、抢劫罪等,这些犯罪所侵犯的客体以财产利益为主。

大学生对法律应有科学的认识、深刻的理解和全面掌握法的精神、法的作用,增强自身的法制观念和法律意识。当今社会,面对很多不良因素的诱导,受社会上盲目追求利益风气的影响,动摇了"象牙塔"内众多大学生的思想根基,使得一些大学生价值观发生了严重的扭曲,促使和诱发了一些大学生从事盗窃、诈骗等违法活动。近年来,大学生犯罪的数量逐年增加,犯罪主体也逐渐低龄化。因此,作为大学生,首先要坚持安全法制教育学习,不断提醒自己作为一名合格大学生所要履行的职责,在思想上筑起拒腐防变的坚固防线,警惕各种落后思想的侵蚀。积极参加法制教育学习,对大学生牢固树立科学发展观、正确的人生观和价值观、道德素质、思维方式、精神状态等方面都有着积极而重要的作用。其次要提高对诈骗、盗窃、抢劫等安全问题的警惕,汲取经验教训,时刻为自己敲响警钟,进一步提高安全防范意识和自我防范能力。最后,要加强对大学生犯罪的预防。预防是减少犯罪的最有利的办法,预防大学生犯罪是对人才的珍惜,是对社会的责任。预防大学生犯罪,是学校的任务,也是司法机关和社会各方面的共同任务。让我们一起携手,让青春与法制同行,和谐与校园相伴。

【课堂工作页】

1. 请阅读以下案例,思考并和同伴讨论分析,小张违反了哪些法律?他应该承担什么后果?

大学生小张酷爱上网,无心学习,经常旷课。有一次为了上网,他向同学小李借了500元钱,事后小李多次要求小张返还遭到拒绝。小张在校外结交了很多社会上的"哥们儿",和他们一起拦截低年级学生,以威胁、恐吓等手段索要钱财。由于经常上网,吃喝花销大,小张把父母给的学费生活费都花光了。一天夜里,小张在隔壁宿舍,拿走该宿舍同学手机1部、笔记本电脑1台、现金800元。

小张的行为	违反的法律名称	应该承担的后果

2. 一般违法和犯罪都是违法行为,都具有社会危害性,都应该承担相应的法律责任。请从危害程度、法律责任和处罚机关三个方面分析一下:一般违法行为和犯罪的不同点。

类　别	一般违法行为	犯　罪
危害程度		
法律责任		
处罚机关		

3. "不知法不赦"——不懂法不能免除其法律责任。请阅读以下两个案例,并写出自己的看法或体会。

偷书1 500本,不知道是犯罪

重庆某大学学生刘某3年偷书1 500多本,价值3万多元。在渝中区法院审判时,刘某称以为偷书是不良行为,不知道是犯罪。最终刘某被以盗窃罪判处 3 年有期徒刑。

（1）针对刘某的行为从法律的角度谈你的看法。

持刀抢劫,以为玩笑

某校两名学生晚上外出喝酒,喝了一些啤酒后往回走,觉得不尽兴,还想再喝,但身上已经没有钱。其中一学生就拿出随身携带的一把水果刀,挡住路边一骑车路过的人索要钱喝酒。那人说没有钱,两人便让其离开。后那人报警,警察将还在外面游荡的两人抓获。事后两人称,跟他要点酒钱,没有钱就算了,当时只是开玩笑。

（2）针对案例中两位学生的行为,谈谈你的看法。

---

4. 阅读以下案例思考并回答问题。

品学兼优的高材生,接连残杀四名舍友

2004 年 2 月,云南大学大二学生马加爵,仅仅因为四位同学怀疑其打牌作弊,说其性格古怪,便购买了石工锤,在寝室分别将四位同学杀死,将尸体藏匿于柜子里,然后逃逸至三亚被通缉抓获。法院以故意杀人罪判处其死刑。

案情介绍:由于寒假要找工作,马加爵没有回家,而同学邵瑞杰和唐学礼早早就返回了学校。案发前的某一天,马加爵和邵瑞杰等几个同学在打牌时,邵瑞杰怀疑马加爵出牌作弊,两人发生了争执。其间邵瑞杰说:"没想到连打牌你都玩假,你为人太差了,难怪龚博过生日都不请你……"这样的话从邵瑞杰口中说出来,深深地伤害到了马加爵。邵瑞杰和马加爵都来自广西农村,同窗学习、同宿舍生活了 4 年。马加爵一直十分看重这个好朋友,但他万万没有想到,自己在邵瑞杰眼中竟然会是这样的评价,而且好朋友龚博居然也是如此。就是这句话使马加爵动了杀邵瑞杰和龚博的念头。唐学礼原本不住校,一直在校外租民房住,但那几天由于还在假期,宿舍床位普遍空着,唐学礼就暂时住进了马加爵和邵瑞杰住的 317 宿舍。而邵瑞杰那几天经常跑到隔壁宿舍玩,有时玩晚了也就住在隔壁。唐学礼的存在成为了马加爵杀邵瑞杰的最大障碍。2004 年 2 月 13 日晚,马加爵趁唐学礼不备,就用石锤砸向唐学礼的头部,将其砸死后,用塑料袋扎住唐学礼的头部藏进衣柜锁好,并认真处理好现场。14 日晚,邵瑞杰上网回来晚了,隔壁宿舍的同学已经休息,他就回到了 317 室住。就在邵瑞杰洗脚的时候,马加爵用石工锤将邵瑞杰砸死。15 日中午,马加爵正在宿舍里处理头夜杀死邵瑞杰时留下的血迹。这时,杨开红来到 317 宿舍找马加爵打牌,已经杀红了眼的马加爵做贼心虚,一不做二不

休,用同样手段夺走了杨开红的性命。当晚,马加爵来到龚博的宿舍,说317室里打牌正三缺一,叫龚博过去打牌。结果,龚博就在当晚惨遭马加爵的毒手。2004年2月13日晚杀一人,2月14日晚杀一人,2月15日再杀两人后,马加爵从昆明火车站出逃。2004年3月15日马加爵被公安部列为A级通缉犯,2004年6月17日被执行死刑。

大学生年轻,思想单纯,生活阅历浅,识别能力低,容易受不良环境的诱惑,看问题肤浅。不良心理如逆反心理、争强好胜心理、享乐攀比心理、好逸恶劳心理、嫉妒嫉恨心理、激情冲动心理等,是诱发大学生违法犯罪动机和行为产生的一些重要心理因素。

结合以上案例,请和同伴讨论,至少写出4条如何预防不健康心理引发的违法犯罪行为。

序号	预防不健康心理措施
1	
2	
3	
4	
5	
6	
7	

【知行合一】

小组活动,完成一份调研报告。

当代大学生法律意识薄弱的现状十分严峻,大部分学校注重专业课,而对法律课不予重视。而大学生正处于世界观、人生观、价值观形成和发展的重要时期,大学生亟须在学校的正确教育和引导下,不断学习,努力提高和完善自己。您所在的院系正在进行大学生法律课程改革,需要了解刚进大学一年级和即将毕业的大学四年级的学生法律意识。请和小组成员为您的院系完成一份大学生法律意识调研报告,协助院系教师完成法制课程教学改革。具体要求如下。

(1)针对不同年级学生制作不同调研问卷各1份。
(2)开展不记名调查,每个年级至少完成100份问卷。
(3)6位同学组成一个小组,由组长分配各自承担的任务。
(4)每组均进行数据分析,完成调研报告1份,并进行成果展示交流。

第二部分

职业素养与职业发展

模块一 行业前景与职业选择

第一节 全球酒店业发展给予我们的机会

据世界旅游业理事会测算,2015 年旅游业对全球 GDP 的综合贡献度达 7.8 万亿美元,占全球 GDP 总量的 10%。旅游业创造了 2.84 亿个就业岗位,占全球就业总量的 9.5%。联合国世界旅游组织数据显示,到 2030 年,世界旅游业将保持年均 3.3% 的增长速度,同时旅游业发展重心东移趋势已经确立,尤其是中国正成为国际旅游市场发展最为迅猛的力量。党中央、国务院高度重视旅游产业发展,习近平总书记多次就我国旅游发展和旅游工作作出系列指示,李克强总理将旅游业视为"中国培育发展新动能的生力军和大众创业、万众创新的大舞台,实现扶贫脱贫的重要支柱和建设美丽中国的助推器,中国对外友好交往的高架桥"。《国民经济和社会发展第十四个五年规划和 2035 年远景目标纲要》明确提出要"加快发展现代旅游业,建设一批富有文化底蕴的世界级旅游景区和度假区,打造一批文化特色鲜明的国家级旅游休闲城市和街点"。作为旅游接待业中的重要一环,酒店行业一直是乘着东风快速发展。

中国饭店协会发布的 2015 年至 2019 年《中国酒店连锁发展与投资报告》中的数据显示,我国酒店行业供给持续增长,中国酒店客房数量从 2015 年的 215.01 万间增长到了 2019 年的 414.97 万间,期间的年均复合增长率为 17.87%。同时,近年来我国酒店行业发展在行业内部呈现明显的结构分化特征,2018 年全国经济型酒店共 241.99 万间客房,2015 年至 2018 年复合增长率为 12.40%,经济型酒店的规模增长正逐步放缓。而中高端酒店行业受益于消费升级和中产消费群体的快速扩大,加之经济型酒店向豪华型、奢华型酒店的消费转移影响,近年来中高端酒店迎来行业红利时代,连续多年保持快速发展态势。

中国饭店协会发布的《疫情对全国酒店市场的影响分析》报告显示,相比于 2019 年春节,受疫情的影响,酒店营业收入一度下滑,平均损失约为 67.81%,多家单体酒店难以维持运营。得益于国内疫情防控的有效措施,如今全国九成以上的酒店都恢复了营业。以 2020 年国内多次小长假为例,很多酒店的入住率超 50%,甚至出现满房的情况。截至 2020 年 7 月底,全国酒店订单已恢复至去年同期的水平。从旅游消费长期来看,专家预测长期向好的大趋势不会改变。不少业内专家认为,疫情时期导致的大量酒店员工"离职潮"将为全行业带来 100 多万的岗位空缺,而随着疫情防控取得阶段性胜利,消费群体尤其是中高端消费群体的消费意愿和能力不断提升,国内酒店行业将迎来新的发展机遇,尤其是新业态下的民宿等将进入快速发展期。

21 世纪以来,我国星级饭店开始呈现出迅速且多样化的发展趋势。随着酒店业边界不断拓展,酒店业已从狭义住宿业进入广义酒店业。从住宿标准分类,有星级饭店、度假型饭店、会议型酒店、经济型饭店、汽车旅馆等标准化业态,也有文化主题酒店、民宿、农家乐等非标准化业态,还有如途家网、小猪短租等分享经济平台。传统饭店时代已然过去,酒店业的核心产品不再只是提供住宿,消费者的需求正向着增值文化和增值服务发展,从而衍生出了诸如民宿客栈、邮轮、游艇等新型酒店业态。更多就业新机会正随着酒店业态的变化而产生,行业发展无疑需要更多更专业的优秀人才。但实际上,酒店的员工流失和员工来源短缺问题正困扰着人事部招聘经理们,企业未来的可持续发展正因此面临着严峻的考验。因此,必须紧随行业发展的浪潮,为酒店行业高端服务人才培养提前布局,为培养新产业人才早做准备。

作为国际化旅游城市,上海市旅游业一直处于行业发展的前沿,在新理念的提出、新业态的推出、新技术的应用等方面走在全国前列。《上海市城市总体规划(2017—2035年)》明确提出,要将上海建设成为世界著名旅游城市、世界一流的旅游目的地城市。至2035年,全市年入境境外旅客总量要达到1 400万人次。2018年由上海市发展和改革委员会牵头起草的《全力打响"上海服务"品牌加快构筑新时代上海发展战略优势三年行动计划(2018—2020年)》中明确指出,要聚焦服务品质化、个性化,着力打响商旅文体服务品牌,并开展"提升专业服务能级行动""建设世界著名旅游城市行动",打造一批世界级旅游品牌,塑造一批"品质上海"旅游产品和项目,全面提升旅游服务和游客体验。这些行业发展政策的提出,对从业人员的综合素质将提出全新要求。"十四五"时期,上海旅游业将围绕建设"高品质的世界著名旅游城市"这一目标,以"高质量旅游发展、高品质旅游生活、高频次旅游消费、高水平旅游交流"为发展主线,助力上海成为国内大循环的中心节点和国内国际双循环的战略链接点。

上海文化和旅游局2019年上海旅游业统计公报显示,2019年上海实现旅游产业增加值2 309亿元,比上年增长7.6%。至2019年末,全市已有星级宾馆195家,上海市旅游局官方网站登记在册的五星级酒店有71家,四星级酒店有61家。上海作为经济中心,拥有大量的流动人口和庞大的酒店市场需求。据迈点研究院(MTA)实时抓取第三方酒店预订平台的不完全数据统计,上海2018年共有13 066家酒店提供住宿,其中中高端酒店(四、五星级酒店及四、五星级标准酒店)有681家。根据酒店行业分析及市场研究报告显示,上海高星级酒店占比为5.7%,仅次于香港的5.8%,远超北京的3.8%。

总体来看,上海市作为国际性城市,无论从旅游服务供给层面还是提升生活服务精细化和高端化角度,酒店业发展潜力都十分广阔。尽管受疫情影响,酒店行业发展受阻,然而随着疫情防控形势的稳定,以及消费群体消费意愿和能力的不断提升,酒店行业未来仍面临良好的发展空间和机遇。因此酒店行业总体人才需求量在未来3到5年仍维持较大需求,尤其是兼具扎实理论知识与实践管理能力、能从事初中级管理岗位的复合型技术技能人才。这是全球酒店业的发展给我们带来的宝贵机会。

与此同时,酒店业作为旅游业这一朝阳产业的三大支柱之一,具备较大的发展空间和后劲。2019年前三季度国内旅游人数达45.97亿人次,同比增长8.8%。入境旅游人数超1.08亿,同比增长4.7%,出境旅游人数超1.19亿人次,同比增长8.5%。旅游业对于国民经济增长和就业的促进作用均高于世界平均水平,线上旅游企业和传统旅游企业对于人才的需求十分旺盛。

我国旅游业虽起步较晚,但随着我国经济持续快速发展和居民收入水平较快提高,我国旅游人数和旅游收入持续快速增长,旅游产业已经成为国民经济的重要产业。旅游正呈现出休闲化、大众化和社会化的发展趋势,大旅游时代已拉开序幕。传统观光旅游、度假旅游已不能满足旅游者的需求,各种内容丰富、新颖独特的旅游方式和旅游项目应运而生,以抓点为特征的景点旅游发展模式向区域资源整合、产业融合、共建共享的全域旅游发展模式加速转变。

伴随着旅游大众化趋势,旅游不再是高消费活动而是作为日常生活进入了千家万户。旅游有广泛的群众基础,人们的工作、生活都可能是远距离的长途旅行方式,形成空前广泛而庞大的人群交流和迁移,传统的地域观念、民族观念被进一步打破,旅游的淡旺季不再明显。

自 20 世纪 90 年代末期至今,短短十几年的时间,上海市在线旅游企业从无到有,发展速度惊人。仅上海市旅游行业协会在线旅游分会会员单位就有 30 几家。从招聘量上来看,截至 2021 年 5 月,以各大在线旅游运营管理企业名称为关键词,以上海为工作地点,在前程无忧网站上进行搜索,显示相关企业近一个月内共发布总计 987 个职位数量,每个职位的招聘人数不等。

在线旅游分会最新的调研报告显示,人才紧缺成为制约行业发展的瓶颈因素,无论是大型的在线旅游企业还是中小型在线旅游企业,人才短缺都是困扰他们的主要问题。一方面大学教育落后于市场,毕业生无法满足企业实际需求;另一方面企业迫切需要既具备技术能力又具有旅游专业知识的综合性人才。

《"十三五"旅游人才发展规划纲要》明确提出,到 2020 年,旅游业直接就业人数达到 300 万人。文化和旅游部数据显示,2018 年中国旅游业直接就业人数为 2 826 万人。可见,我国旅游就业人才需求旺盛。但作为旅游业三大支柱产业之一的酒店业,人才供给不能有效满足旅游业高质量发展需求。旅游业高质量发展的需求为我们酒店业提供了较为广阔的舞台。

【课堂工作页】

1. 请结合酒店业的发展数据,用 5~10 个关键词概括您对酒店行业发展前景的看法。

_____

_____

_____

2. 请谈谈酒店业的快速发展可能带来的影响。

对个人:

_____

_____

对社会:

_____

_____

对国家:

_____

_____

【知识链接】

我国酒店业的产生与发展

1. 中国古代的客栈时期

驿站,即官办住宿设施。清末出现迎宾馆。

2. 近代饭店管理阶段(19世纪末到1949年)

一是外国人在中国建立的西式饭店。建筑式样和风格、设施设备、内部装修、经营方法、服务对象等都传承着西方文化,与中国传统的饭店不同。

二是中国的工商业者投资兴办的,即民族资本建立的中西式饭店。将欧美的经营观念和中国的传统经营环境相融合。现在保留的江西南昌的江西大旅舍,现可免费参观。浦江饭店是上海开埠以来第一家西式饭店(1846年),位于上海的外白渡桥东侧。1854年成立的中央饭店(现和平饭店)和1934年成立的上海国际饭店也是当时的代表。

三是中国旅行社在各城市建立的饭店和旅舍。这时期饭店规模大,设备舒适、服务项目多,开始学习西方管理的先进技术和方法,以经验管理为主。

3. 中国现代饭店业

(1) 行政事业单位管理阶段(新中国成立后到1978年)。这一时期政府对一些老饭店进行整顿和改造,积极筹建新型饭店。我国建设了一批高级饭店宾馆,主要接待外国专家、国际友好人士、爱国华侨、国内因公出差的人员。这时期的饭店主要为政治、外交、侨务政策等服务,实行的是国有化管理制度,管理体制、管理方法、接待程序、环境艺术、经营决策等落后,完全是计划经济管理,致使我国饭店管理长期处于落后局面。1978年,我国有相当于星级的饭店137家,客房15 000多间。

(2) 现代饭店初创阶段(1978年到1983年)。这一时期我国的饭店由事业型管理走向企业型管理。由于入境旅游人数多,1978年我国能接待境外人员的饭店只有203家,客房2.3万间。为适应发展,先把政府招待所改成了涉外饭店,尤其是在沿海城市,引进外资兴建饭店。为此国务院专门成立利用外资、侨资筹建旅游涉外饭店领导小组。1979年,合作建造广州白天鹅宾馆的协议签订。北京建国饭店(2 000多万美元,1980年建造,1982年营业)是第一家中外合资(中美)饭店,当年盈利150万元。1982年2月,杭州饭店、杭州华侨饭店率先在全国饭店业中试行岗位责任制和浮动工资制。1983年将这两项制度向全国推广。

(3) 1983年到1988年,为我国饭店业的稳步发展阶段,饭店业由经验型管理走向科学管理。

1984年,国务院颁发《推广北京建国饭店经营管理方法的有关事项》,鼓励在全国推广北京建国饭店的科学管理方法,全国掀起了学习建国饭店的热潮。1984年上海锦江集团公司成立,中国饭店的集团化进入探索阶段。1984年假日集团登陆中国,1985年雅高集团进入中国。1983年中国第一家中外合作的五星级酒店白天鹅宾馆开业。

(4) 1988年到1994年,饭店业推行星级评定制度,使我国饭店业进入国际化、现代化、规范化管理的新阶段。1988年,经国务院批准,原国家旅游局颁布了饭店星级标准,并开始对旅游涉外饭店进行星级评定。1993年,经国家技术监督管理局批准,该饭店星级标准被定为国家标准。

(5) 1994年至今,我国饭店业逐步向专业化、集团化、集约化经营管理迈进。1994年,经原国家旅游局批准,成立了第一批我国自己的饭店管理公司。1996年锦江之星旅店有限公司成立,2002 年如家诞生,中国的经济型酒店为中国饭店业的发展指明了方向。

【学长心得】

我为什么选择酒店管理

13 级酒店管理专业 潘子豪

也许有人会问我为什么选择酒店专业,我的回答是这缘于酒店行业的美好发展前景和我对酒店工作一种执着的热爱。大学的时候,我曾担任上海城市管理学院校团委学生会副主席、学生会外联部部长以及旅游管理学院 13 级酒店 1 班班长。那时候的我积极投身于各种社团、学生会、志愿者活动,拿过奖学金,也被评为三好生、优秀学干等。这些都只是一个经历,这些荣誉在应聘时却没有一张技能证书来得管用。

老实说,我并不是一个很聪明的人,但我却有着坚定的毅力。实习之后,我通过努力如愿以偿地获得了大学英语四级和公共英语三级证书。

刚刚入职时的我,人看上去很不自信,衣着打扮较为随意。现实的差距曾让我感到迷茫,但我没有给自己太多的时间去迷茫,既然改变不了环境,那就改变自己。英语不好就不断背单词,上班跟客人练口语,下班去酒店附近图书馆继续发愤图强。

曾经为了参加酒店的一个培训,我上完夜班之后喝了 8 杯咖啡强撑了一整天,之后的那天晚上,我睡得很香。就像在大学里一样,我并不是一个能闲得下来的人。为了能够更好地去了解酒店,我做过酒店活动主持、去客房部铺过床、去餐厅跑过菜、去宴会厅帮过工。没人要求我这么做,至于为什么这么做,因为我相信作为总经理一定要了解酒店是如何运作的,而我的职业发展目标就是总经理!

当然工作一定不是生活的全部,面对生活,我依旧积极乐观,投身于我热爱的公益事业,在上海市儿童福利院、阳光之家、社区孤老院奉献着自己的青春,帮助更多的人。我依旧不断发展自己的兴趣爱好,扛着相机走四方,没事为市委接待任务拍拍照、帮集团做做视频,帮酒店拍摄新菜肴,体现自己的价值,为迎合酒店业的发展新趋势做好知识和技能的储备。

【我的感悟】

_____

_____

_____

_____

_____

_____

_____

_____

_____

_____

_____

_____

_____

_____

_____

_____

第二节　酒店行业职业发展平台给予我们的机会

酒店管理是全球十大热门行业之一,但在国际人才市场上,酒店管理人才出现了供不应求的局面。酒店行业在不断扩大,对人才的需求也不断增加,每年都需要数以千计的国际化酒店管理人才。依靠学校相关专业如旅游管理、酒店管理等专业培养人才是实现酒店行业人力资源供给的有效途径。调研数据显示,旅游管理专业和酒店管理专业毕业生就业行业广泛分布在休闲度假、餐饮娱乐、房地产、物业管理、快消、教育培训、金融投资、批发零售、服装等行业。从整体来看,专业方向主要岗位为前厅接待/礼仪/迎宾、客房服务/楼面服务、餐饮/娱乐服务、酒店销售代表、导游/旅行顾问、旅游计划调度(计调)/外联、旅游顾问/销售代表、会展接待员、行政专员、人力资源专员等。其中,酒店业从业人员主要分布在以下工作中各类星级酒店的餐厅服务、前厅接待和客房预订等工作;各类酒店、饭店、宾馆楼层管理、大堂管理、咨询、会展等工作;各类酒店、饭店、宾馆的商务部门从事业务洽谈、对外联络服务等工作;各类酒店、饭店、宾馆的商务部门从事市场调查、情报、信息服务等工作。

相关岗位的酒店行业发展通路有三条,分别是专业通路、管理通路和横向通路。其一,专业通路:助理—中级—高级—专家。首先要熟悉专业及其在企业中的职能应用,在全面了解和掌握后,在行业、产品、职能某个细分领域进行深耕和研究。其二,管理通路:组长—主管—经理—总监—总经理。可以根据行业、企业的情况向职能管理领域发展,除了专业能力的要求外,还需要具备一定管理能力和沟通协调能力。其三,横向通路。具体方向可以是咨询、培训、人力资源、客户服务、售前咨询、市场营销等。

酒店业的发展日新月异,其经营管理的发展趋势对酒店各个岗位的服务内容和酒店员工的知识技能素养提出了新的要求。酒店的个性化服务、感情化服务、管家服务趋势要求酒店要为客人提供更富有人情味、突破标准与规范的个性化服务,并能通过感情化服务吸引更多的忠诚客人。此外,进入21世纪,酒店竞争更加激烈,酒店的经营管理和服务也面临全方位的创新。创新不仅是提高服务质量的方法,也是提升酒店竞争力的重要途径。这要求酒店的员工要具备一定的创新能力,对酒店的服务理念、服务方式、方法、程序、内容等进行全面创新,从而为客人带来全新的入住体验。

伴随着互联网技术、移动终端技术、大数据的发展,酒店的营销也趋于网络化。网上预订酒店逐渐成为潮流,携程网的调查显示,网络预订在客房预订中的比例越来越高。同时,也有越来越多的酒店开始借助传播速度快、成本低、渗透性强的新媒体手段进行营销,互联网+酒店的发展趋势催生了诸如专职网评管理、新媒体营销等新的岗位。

在酒店管理方面,各部门也呈现出新的发展趋势。如为了节约成本和应对日益加剧的行业竞争,酒店的前厅部和餐饮部往往采取精简机构、合理定编的方式进行管理。这往往要求从业人员要一职多能,掌握更加全面的业务技能,为客人提供全方位的服务,从而节省酒店的人力成本,提高酒店的整体服务水平。这为酒店行业从业人员提供了充分拓展成长通道的机会。

酒店业管理和服务要与时俱进,需要先进的管理理念的指导。传统的酒店管理理念认为顾客是上帝,管理者高高在上。而以万豪国际集团为代表的酒店则更多地倡导并践行新的酒店管理理念,即顾客至上,员工第一,管理者是员工的服务员。这种员工第一的理念不仅体现在酒店关心员工生活、支持员工工作、给予充分授权、提供以人为本的感情化管理上,更加体现在关心员工的培训和职业生涯发展,帮助员工掌握更多的专业技能,助力员工在事业上取得进步和成功,使得员工的发展与酒店的发展同频共振等方面。酒店不仅通过调整薪酬方案建立员工激励机制,还通过建立业务培训体系来挖掘员工在业务方面的潜能,培养员工的学习力,为员工提供多渠道的成长和上升平台。这对于员工而言,是宝贵的职业生涯发展机会。

【课堂工作页】

1. 请谈一谈酒店业的蓬勃发展给我们带来了哪些发展机会?

_____

_____

_____

_____

_____

2. 您打算为将来从事酒店行业做好哪些准备?

知识准备:

_____

_____

_____

技能准备：

_____

_____

_____

素养准备：

_____

_____

_____

心理准备：

_____

_____

_____

【知行合一】

全班同学分为五人一组，分别前往学校附近的三家酒店调研酒店业对于人才需求的现状。

（1）全班同学商定前往的酒店并做好分工。

酒店人才需求调研分工表	
酒店选择	
人员联络	
编制访谈提纲	
现场访谈	
记录员	
资料整理	

（2）小组构思、讨论并最终得出《酒店从业人员岗位需求访谈提纲》。

《酒店从业人员岗位需求访谈提纲》

_____

_____

_____

_____

_____

_____

_____

_____

_____

_____

_____

（3）分小组前往对应酒店，调研各个酒店对于未来从业人员的岗位需求。

【学长心得】

永 不 放 弃

18 级酒店管理专业　张东皓

我是来自 18 酒店 3 班的张东皓，非常感谢老师们的精心培养，才成就了今天的我。我今天要发言的主题是——永不放弃！

当我知道我无缘进入本科院校时，曾产生过挫折感，不知道未来的路将如何走？终极目标如何去实现？但我希望自己不断进步、不断成长的意愿没有停止，一直在鼓励自己要永不放弃！

在选择高职院校的那段日子里，我异常煎熬，就怕自己点错了位置，错失了未来。庆幸的是，18 岁的我在反复查阅比较各院校的综合实力后，坚定地将目标定在了上海城建职业学院酒店管理专业。虽然当初并没有很感性的认知，但理性告诉我，那将是我践行"永不放弃"的摇篮。

2018 年 9 月份入校后，我作为一个平凡的小男生，也曾经有过阶段性的失落感，但永不放弃的信念促使我认真分析自身的特点和进行思考，我找到了自身的语言表达优势。因此设定了重攻英语的目标，开始了刻苦练习英语口语的历程。也常常因素材缺乏、提高不快而苦恼，但心中的永不放弃的信念帮助我坚持了下来。

终于盼来了足以改变我人生的幸运时刻——公共管理学院举行的英语比赛。我抓住了机会积极报名参赛，经过初赛选拔并进入了决赛。记得决赛的那个晚上，我的英语表达和综合表现被评委们认可，决定选我作为第八届上海市星光计划"餐厅服务赛项"种子选手队备选成员之一。我既兴奋又惶恐不安，我仅仅是刚入学两个月的新生，没有任何酒店管理与服务方面的专业基础，能否担当这一重任？但我不能放弃，我必须勇敢地去挑战。

刚开始接触训练时，哪怕是很基本的技能，我都不能自信地面对，一次次的挫折面前，还是永不放弃的信念支撑了我。

在老师们的精心指导和队友们的互相帮助下，我比别的同学花更多的时间和精力强化各个模块的训练，放弃了许多休息和娱乐时间。最终与团队的老师和同学们一起，夜以继日地苦战，克服了许多难以描述的困难，在决赛场上勇夺第五名，并远远拉开了与第六名的距离。胜利的那一刻,我们相拥而泣。

　　未来的路还很长,我将面对的挑战还很多,遇到的各种困难肯定也不少。但我相信,只要坚守永不放弃的信念,刻苦学习,努力拼搏,终将会走出一条事业成功之路。

【我的感悟】

_____

_____

_____

_____

_____

_____

_____

_____

_____

_____

_____

_____

_____

_____

第三节　如何抓住身边每一次机会

　　在全球化的竞争之下,作为未来的酒店或其他行业从业人员要把握外部环境给予自己的发展机遇,探索并确立自己的职业观念,从事热爱的工作,发挥出自己的特长,进行清晰的自我生涯规划。在通往成功的道路上,了解你的企业,把握服务性质;了解你的工作,明确服务概念;了解你的顾客,抱有友善态度;了解你自己,认识自我价值。个人生涯规划是对个人角色的有效定位,有自我生涯规划的才会有清晰的发展目标,有目标的人才会坚定地朝着自己的方向前进。

　　首先,要认真评估自己的职业价值观,探索职业发展方向。人生信念是获得职业成就感的基础。只有明确了自己的职业价值观,才能制定自己的职业修炼目标,才会对将来所从事的职业投入积极的情感,才能拥有成功的职业生涯。

在明确自身职业价值观的基础上,要进行清晰的职业定位。所谓的职业定位,就是明确个人在职业上的发展方向,它是人在整个生涯发展历程中的战略性问题。从长远上看是找准一个人的职业类别,就阶段性而言是明确所处阶段对应的行业和职能,探索自身在职场中应处的位置。建议从开列职业价值观清单开始,选择最接近你服务理念的一项作为努力方向,进而列举职业岗位清单,进行职业定位。依据职位性质,社会职业可分为技术技能型、管理型、创造型、自由独立型和全面型等多种职业类型,选择最接近职业价值观的一项作为自身选择工作的首选,并注重在日常生活中培养自己对所选职业的兴趣。

职业无贵贱,行业无高低之分。旅游业、酒店业、管理咨询业、奢侈品销售业、金融业,都是服务性行业。像旅游、会展、航空、奢侈品都属于"泛酒店管理"的范畴,这些行业也热衷于招收酒店管理专业毕业的学生。在绝大多数的商业领域,所有企业经营的实质是基于客户的信赖,客户关系管理和客户服务的工作内容是如何维护和提高这种信任。即便是未来可预见人工智能时代的到来,客户体验优化和精准客户获取依然离不开人为的干预。维护与客户的关系,提高客户满意度和忠诚度,恰恰是酒店管理专业的学生具备的职业竞争优势,因而酒店管理专业的学生应具备充分的职业自信。

此外,把握发展机遇还需要有清晰的自我分析,进行自我定位。自我分析是指对自我理性、深刻、全面的分析,社会处于不断变化之中,服务理念日益更新,因而对自我的分析也应逐步更新。自我分析包括了解自身的优缺点,得出分析结果,进而制定相应的对策,不断地进行自我完善。

具体来看,我们可以借助周围人的反馈和与其他人的对比来更好地了解自己,从别人对自己的态度来了解自己。日常生活中,我们应该注意倾听他人意见,善于从周围的人的一系列评价中概括出一些较稳定的评价作为自我评价基础,这将有助于更好地了解自己。

由于个人的职业生涯必须依附于一定的组织环境和资源,它往往会受到一定的社会、经济、政治、文化和科技环境的影响。环境决定着每个人职业生涯的发展空间、发展条件、成功机遇和前进性的威胁,因而在选择职业之前还必须进行环境分析和职业生涯机会评估,分析和认识环境的特点、环境发展变化情况、自己与环境的关系、自己在这个环境中的地位、环境对自己提出的要求等,从而准确把握职业发展机会。SWOT分析法被证明是一种理想的职业生涯机会评估的工具,通过对自己的优势、劣势、机会和威胁进行分析,看到自身的竞争力和发展机会,同时也能认识到自己的不足和外在威胁,从而可以对各种机会进行评估,选出最佳职业及应对策略。

凡事预则立,不预则废。在了解自身优势、劣势的基础上,要提前做好就业城市、行业、公司的调研,了解行业知识和企业文化,力争在校期间掌握流利的外语听、说、读、写能力,提前做好职场基本技能提升,如文案编辑、PPT制作、方案解读等,考取酒店行业相关专业证书。与此同时,把握参与酒店实习的机会,积攒资源和人脉,提升个人专业实践能力,以便深入理解酒店行业和未来的职业。

在进行自我分析之后,进一步分析当前社会政治、经济、文化、科技环境等带来的职业机会,结合专业相关行业的发展趋势预测劳动力供求状况。警惕来自宏观经济环境变化、专业劳动力市场的供求状况等方面给个人职业生涯发展带来的潜在威胁。通过SWOT分析,对各种职业发展机会进行全面客观的评估,将个人目标与社会实际紧密结合,确定职业生涯发展目标,把握最佳发展机会。

在明确了自己的职业理念和职业定位后,要为从事该职业做好知识和技能的铺垫,设立一个接一个的合理的职业目标。关于职业目标的制定,丹尼斯提出真正合理的目标包括五个特征,即具体(Specifc)、可衡量(Measurable)、可实现(Achievable)、现实(Realistic)、时间限制(Time related)。有了目标,才有动力,才能从一次次达成具体目标的经验中收获成就感,形成良性的循环。

　　在达成职业目标的过程中,我们需要培养积极和有益的习惯,克服来自于内部和外部的各种障碍,坚定职业信念,坚持初心,积极上进,保持对职业和生活的热爱。

【课堂工作页】

　　1. 在未来的职业发展过程中,您最看重哪些方面?

_____

_____

_____

　　2. 请尝试运用SWOT分析法列出自己在职业选择中的优势、劣势、机遇和挑战。

S(优势):	W(劣势):
O(机遇):	T(挑战):

　　3. 请为您的职业发展制定具备具体(Specifc)、可衡量(Measurable)、可实现(Achievable)、现实(Realistic)、时间限制(Time related)特征的目标。

_____

_____

_____

_____

_____

_____

_____

【知识链接】

《2019—2020 年中国酒店业人才发展白皮书》发布

2019 年我们预设了很多劲爆的热词来预估 2020 酒店业的走势，"市场重构""5G"等，但谁也没有想到第一个敲门的是疫情。据数据统计，疫情对中国酒店的影响使其增速下降 90%，营业收入下降达到 45%。从疫情对不同品类酒店的影响来看，全服务型中档酒店中近 75%的酒店门店全面停业，行业整体出租率下滑 85%以上。据摩根史丹利中国首席经济学家的预测，市场的消费增速今年下半年和明年分别达到 7.4%和 10.5%，但是据最佳东方预测，中国酒店住宿业整个经营压力的缓解仍需时日。

疫情的到来使旅游服务业跌至冰点，但也同样使旅游服务业进入了数字化的生态圈。作为与行业休戚与共的命运共同体，2020 年 9 月 18 日，由最佳东方与先之教育首届合作举办的以"冰点重生·云上觉醒"为主题的峰会活动在杭州远洋凯宾斯基酒店隆重召开。会上，先之教育首席顾问、咨询事业部总经理陈秋代表最佳东方和先之教育联合发布《2019—2020 年中国酒店业人才发展白皮书》。

人才是企业运营的核心，关注人才数字化转型是关键。陈秋表示，虽然中国酒店行业历经多次负面社会事件，但终究是打不死的"小强"，并展现了应有的责任担当。疫情以来，最佳东方从"有裁员""不裁员""自然减员"三个维度对企业人才裁员情况进行跟踪。数据显示，疫情暴发后有六成的中国酒店选择不裁员，以全服务有限中档酒店为例，近七成的中档全服务型酒店选择不裁员和自然减员。

同时从付薪来看，从"全额付薪""安排无薪待家"到"执行本地区最低薪资标准"等维度跟踪，酒店企业全额付薪率高达 34%。

如今随着疫情管控常态化，酒店重新开门迎客，疫情催化产能驱动变成数字化转型，而数字化转型不仅覆盖到领导力的转型，还有组织架构的转型、运营管理的转型、技术能力的转型以及外部合作的转型。

陈秋强调，人才供需是保障酒店正常运行和持续发展的基本。我们更该关注的是人才的断层、新型人才的稀缺以及人才的转型，这也是管理困惑中的选项。当我们在谈论数字化转型的时候，更应该关注人才的数字化转型，因为人才才是企业运营的核心。

人才需求活跃趋势表明：行业人才需求逐渐回升，且趋势将延续至下半年。陈秋向参会嘉宾分享了当前人才供需的现状、动因与困局。她表示，一线城市和省会城市的人才供需相对丰富。除北、上、广、深、杭州、西安、广州等城市之外，在城市酒店品类丰富和城市酒店群成熟发达的地区，从业者会有更多的工作选项；另一方面，从业者基于对城市生活的节奏等多方位考虑，也会优先选择一线城市和省会城市，相对而言这些城市的招工和择优录用比非一线城市和非省会城市更加有利。

她指出，从 2020 年上半年酒店业发布的职位数量排名前 20 来看，一线的服务岗是紧缺的岗位，同时市场经理、总经理、销售部员工、餐饮经理这样一些与经营业绩的突破直接关联的核心岗位排到前 10 名。从需求侧雇主城市分布来看，雇主城市呈聚集效应和梯队趋势，新一线城市逼近一线城市，"抢人"成为人资常态话题。

从供给侧来看，求职热门的职位方与酒店需求方达到契合，如前厅餐饮等基层岗位，以及今年变化比较大的总经理、店长等管理岗位也上升到前5至6位。而从求职城市的分布来看，头部效应减弱。

同时，从年龄分布上来看，人才日趋年轻化。随着95后出生的Z时代已经逐步成为消费的主力军，且左右着家庭消费中部分决策。如家庭旅行目的地和酒店的选择，家庭到外面就餐的餐馆选择，这些影响力已经达到了67%和69%。同样在酒店从业人群当中，95后出生的Z时代也逐渐成为主力军，当Z时代遇上Z时代，酒店行业呈跨越式发展是不可避免的。

从一线部门员工的学历分布来看，酒店从业者的学历逐年提高，大专以上特别是本科和硕士具有营销市场部的聚集效应。在高学历人才稀缺和控制成本的前提下，以满足最低需求为主。工作经验分布则不同岗位有不同要求，"零经验"培养和"即录即用"共存。

从人力资源对于酒店品类的关注度来看，人力资源青睐的酒店群是国际高端酒店五星，排名第二的是国内高端五星，二者之间有1.5倍的差度。国际品牌凭借品牌影响力，以及经典的酒店运营管理和体系化、可视化的职位晋升和规划，受到了更多的人才青睐。

【学长心得】

失去团队给你的机会，你永远无法独自战斗

15级酒店管理专业　　王璧清

"每当你回头看，就会发现，走过的路都印着自己一步一个有深有浅的脚印。"曾经的我一脸懵懂地踏进酒店管理学院的大门，三年的学习与探索，渴望成为一个酒店人；如今，我每天步履坚定地跨入酒店的大门，每天经历着不同的挑战，不断的磨炼与经历让我更强，让我离真正的酒店人更近一些。自实习到正式工作，我一直在奢华五星级酒店的市场销售部工作。从实习在瑞金洲际酒店到正式工作进入香格里拉上海浦东嘉里大酒店，我意识到市场销售部这个部门是一个酒店的命脉，与酒店一线部门工作同事的体力辛苦相比，在二线最重要的部门工作要承受的是巨大的心理压力。这种压力不仅来自于你的上级，更来自于你的客户，甚至是你的同事。在销售部，你必须具备很强的与人合作的工作能力。在策划一场活动中，你会和各个部门的同事打交道，需要你们的相互协作，才能拥有一场完整的大型酒店活动，只有这样才能赢得客人的青睐与信任。我能够适应这样的压力，且能在这样的高压环境下能够很好地与他人合作完成销售工作。在如今的社会，完完全全靠自己一个人的工作是不存在的，身处酒店之中，合作与抗压是我认为一个酒店人必须具备的两种能力，我甚至认为这是一个优秀酒店人的基因。

很多人会问，究竟是什么培养出来我这样的抗压能力呢？甚至我的老板在面试我的时候也很惊讶于我今年二十一岁就能有这样的工作能力，这与我大学三年的重要经历是分不开的。曾经我不以为然的事情，如今竟成为了我战斗的武器。在校的两年学习中，我计算了一下自己应该是有一半的时间筹备并参加了两届全国职业院校技能大赛。我参加的是中餐宴会主题设计比赛，这个名称很笼统，但是项目却不简单。每个学校选拔三个同学组成一个整体去参赛，所以这里还要提到和我两年一起参加比赛的两位男同学，如今他们也是在酒店前台工作。为了这场比赛，我们三个人经历了一个"从无到有"的过程，从什么都不懂到技艺精湛去参赛。而这个比赛的关键点就在于我们三个人的技能是一定要齐头并进的，谁都不可以落下。谁都不可能十全十美的，在漫长的不分昼夜的辛苦训练过程中，我们慢慢成长，互相协助、互相指

导,在院长的高要求下,我们进行了数百次的训练,汗水泪水交织终于初显成效,团队的力量开始显现。临近参赛之日,让中餐主题宴会设计人头疼的模拟训练开始了。我们是第一次参加这场大赛,院长等老师也是第一次带学生训练,这样一套完整的训练体系在如今看来也是完善的。

　　这次的比赛,让我认识到团队需要有共同的目标,并且该目标务必尽量体现每一个人的意志。只有当组织目标充分体现个人目标时,共同目标才真正具有凝聚力。这种共同的目标一旦为团队所理解,就像航海中的航标一样,在任何状况下都能起到指引方向的作用。这次的活动也因此为我以后的职业发展打下了基础。

【我的感悟】

（1）谈一谈案例中学长的职业定位对我的影响。

学长的职业定位	我的职业定位

（2）请结合学长心得,讨论一下为达成职业目标需要做出的努力。

知识方面:

_____

_____

技能方面:

_____

_____

综合素质方面:

_____

_____

其他方面:

_____

_____

模块二　酒店人的阳光心理与心态

第一节　酒店人的职业情感

职业情感是指人们对自己所从事的职业所具有的稳定的态度和体验，它是人内心产生的一种对自己所从事职业的需求意识和深刻理解。有积极职业情感的从业者往往从自身工作的社会意义和性质上去认识职业，不计较个人得失，怀有满腔的热忱和爱心，并善于克服各种困难，表现出强烈的职业责任意识，并能以极大的精力付诸行动。积极的职业情感对个体履职尽责行为有重大的动力和强化功能，它促使个体不断激发潜能，以良好的心态、稳定的情绪和意志，努力实现职业与生命的完美结合。具体而言，职业情感包括职业认同感、职业成就感、职业荣誉感。

认同感是指人对自我及周围环境有用或有价值的判断和评估。认同感的满足方式有两种：一种是公众认可，即来自情境对自我的肯定和承认；另一种是自我认可，即自己对自己的肯定和承认。服务业员工的职业认同感表现为对于工作的榜样认同、规范认同和依存认同。职业认同感来自于社会尊重和自我尊重，在于有坚定的职业信念和职业品行，不被外界因素影响判断，坚守原则，不忘初心。一个人无论从事什么职业，首先要能在社会上立足，能得到基本的生活保障，这是最基本的需要。在社会主义初级阶段，劳动成为人们基本的谋生手段，职业是人们获得生存的基本条件。一种职业只有提供了最基本的工资待遇、生活福利等生存保障，这种职业才能被人们所接受，人们才会从情感上去认同它、接纳它。这是最基本的职业情感，它决定着更高层次职业情感的养成。

成就感是愿望与现实达到平衡所产生的一种愉快与成功的心理感受。个体在完成工作过程中，通过自身努力达到工作标准，从而实现自我价值的一种感受和体验，它包括自我工作能动性、自我价值实现、积极的情感体验。具备职业成就感对于个体工作效率的提高具有重要的影响，拥有职业成就感的个体会对工作产生敬仰、赞叹的情感体验。在服务行业则表现为用心、极致、完美、卓越的服务理念，反映出一种高层次精神追求，是一种享受服务、收获服务的服务人生。

荣誉感是指每个职业人表现出来的做好自己职责范围内事务的职业责任感及完成任务后因赢得尊敬和认可而感到光荣的心理感受。在一个秩序良好的社会里，只要认真把自己职业岗位上的事情做得近乎完美，在社会上就会得到充分的尊敬，作为个人也能够得到充分的职业荣誉感与幸福感。人是社会关系的总和，人通过自己从事职业与社会发生关系，并通过社会对其从事职业的价值认定，来感受个体的生存价值。一种职业只有被社会大众所称道，并形成良好的职业舆论与环境氛围，作为从事这种职业的个体才会感到无比的荣耀，才会从情感上产生对这种职业的归属感和荣誉感。这种职业荣誉感的形成，有赖于社会建立合理的价值观念和个体树立正确的职业价值取向。同时，这种职业情感是更持久、更深刻的情感，它是把人的内心思想化为实际行动的"催化剂"。

职业荣誉感是敬业爱岗的具体表现，是从事该职业的道德情感。有没有职业荣誉感，直接影响职业的社会作用,终究也关乎职业人的命运。荣誉提升道德,催生自律,启发智慧,孕育责任。一旦个体受到不同程度的刺激,道德情感的崇高性就会渐渐被世俗追求所取代,而渐渐失去职业荣誉感,失去对职业的兴趣,随之而来的结果是社会责任感和职业操守的淡化,同时这也是社会职业道德教育弱化的一种体现。

积极的职业情感对于个体的职业表现和职业成就具有直接的影响。在现实生活中,可以通过以下途径培养完成本职工作所需的职业认同感、职业荣誉感和职业成就感。首先,个体要坚定职业信念,作为服务业从业人员,要深入理解服务精神,认可服务即人生、服务即事业,努力探寻服务职业意义。其次,了解所从事工作的社会价值,分析其社会影响力,从而增强职业认同。最后,建立清晰的职业规划,树立远大的职业理想,放平心态,以饱满的热情朝着职业目标奋斗。

【课堂工作页】

1. 职业认同感、职业成就感、职业荣誉感这三种职业情感哪一种更为重要? 简述您的理由。

_____

_____

_____

2. 如果您是一家酒店前厅部的经理,您将如何提高前厅部员工职业认同感?

_____

_____

_____

3. 阅读以下案例,思考并回答问题。

提供增值服务

小李像往常一样在礼宾台值班,一位陈先生向其咨询订房。小李为其介绍了当天的房型与房价,并习惯性地问询了客人是出差还是旅行、需要住几天、有什么要求等问题。陈先生告知,入住的是一位姓高的老先生,因在酒店附近举办了私人画展,所以要入住酒店一个星期。小李便详细做了记录。

小李想掌握客人喜好以便准确地提供服务,就在网上搜索老先生的信息,了解到这位高老先生是一位大师级书画家。

小李把情况告知了酒店的另一位同事,俩人一起为即将到店的高先生做服务安排。考虑到老先生的作画需求,他们选择了光线充足且位置安静的房间,并特意从餐厅调用了高度适宜的桌子,铺好作画时需要用的棉布、白盘等。由于气温骤降,他们提前将室内温度调至26度。想到高老先生作画时需要长时间站立,且老人有泡脚的习惯,他们特意为高老先生准备了泡脚桶。

下午3点,陈先生开车送高老先生到酒店。到前台办理入住时,老先生注意到礼宾台摆放着金钥匙标识。高老先生说他住过广州白天鹅宾馆,也见过孙东主席,并表示金钥匙非常好、很专业。小李听后不停地点头示好,也为自己是一名金钥匙员工感到无比荣幸和自豪。

老先生向小李咨询当地哪里可以买到红星宣纸,小李立即就想到曾经买过毛笔的书画社,是一家老字号。于是他打开商家一栏找到商家信息后打印出来交给老先生,并教他如何使用手机扫服务系统二维码,如何在手机里查看地图、街景、导航、回程等。老先生赞赏金钥匙这个服务系统很强大,连像自己这样年纪大的人都能使用自如。

随后,老先生从房间打来电话,邀请小李和他同事到他的房间。他表示已经买到了需要的宣纸、墨,最开心的是还买到喜欢的兼毫笔。他感谢小李他们对他的房间做的细心安排,为他作画创造了良好的环境,而房间配备的泡脚桶更是令他喜上加喜。老先生特意为金钥匙小李和另一位员工题字表达谢意。

(1) 在这个案例中,小李提供了哪些增值服务?

_____

_____

_____

_____

(2) 请结合材料分析小李身上体现了哪些职业情感。

_____

_____

_____

_____

(3) 请分析高老先生的心理活动。

_____

_____

_____

_____

【知识链接】

金钥匙是全球唯一一个拥有80年历史的网络化、个性化、专业化、国际化的品牌服务组织,覆盖全球39个国家和地区,在全国290个城市有2 130家高星级酒店、400多家高端物业和70多家服务企业。金钥匙最大的特点是可以突破时空限制,调动全球金钥匙服务资源完成其他服务行业不能完成的难度极高的跨城区、跨国别的服务,实现对客户的"不是无所不能,但会竭尽所能"的承诺,这是一般的服务行业难以企及的服务能力和标准。

"金钥匙"既是一种专业化的服务,又指一个国际化的民间专业服务组织,此外还是对具有国际金钥匙组织会员资格的酒店礼宾部(有的酒店称为委托代办)员工的特殊称谓,只有他们才有资格在由金钥匙组织指定的燕尾服上带上交叉的金钥匙徽章。

中国金钥匙有一整套文化标识,金钥匙服务形象为:深色西装或燕尾服正装,衣领上别着"金钥匙"标记,仪容端庄整洁、彬彬有礼、笑容满面地为宾客服务,主动帮助宾客解决各种需要、难题;金钥匙徽号为:两把交叉的金钥匙,代表两种主要的职能,一把金钥匙用于开启饭店综合服务的大门,另把金钥匙用于开启城市综合服务的大门;金钥匙旗帜为:与金钥匙徽号的背景相间的蓝色与橙色图案,蓝色代表忠诚,橙色代表热情;金钥匙口号为:信念、荣誉、责任、友谊、协作、服务。金钥匙鲜明的文化内涵成为金钥匙职业生涯的精神引领。

金钥匙服务是旅游涉外饭店星级评定标准之一,多年来中国金钥匙不断发展,不仅在服务哲学和服务理念建设方面上引领中国服务走向特色化、现代化和国际化发展道路,而且注重建立品牌服务标准,完善了酒店"5C"品质服务标准,修订物业、景区、民宿、养老、公寓等服务标准,健全金钥匙品质服务体系,组建更规范、更专业的质评专家队伍和培训机制,开发金钥匙"6S"管理系统。

中国金钥匙在传统金钥匙柜台、金钥匙管家等产品基础上,不断开发新的服务产品,如金钥匙楼层、金钥匙拓展、金钥匙大总管、金钥匙节能环保、金钥匙出行、金钥匙管理顾问、金钥匙假期、金钥匙高端医疗、金钥匙智慧服务等,实现金钥匙单一企业产品向跨界服务产品转型。

金钥匙在中西方所呈现的状态是有所差异的,西方注重品牌的个性化,而中国更注重品牌的标准化和文化内涵提升。金钥匙在中国是结合国情来发展的,通过更多的样板店,形成具有品牌特色的发展道路。自创立以来,中国金钥匙创造了许多辉煌的服务历史,在酒店业中获得普遍认可。这种品牌的影响力及其所展现的最高服务标准,也给了金钥匙开启其他服务领域大门的契机。如今,金钥匙已经跨界发展,在物业、景区、机场、码头、医院等领域也有所涉足,未来还将不断覆盖渗透更多的服务领域。金钥匙概念也将悄然超越一个岗位、一个行业的限制,而成为服务接待业中"一切顶级服务"的代名词。可以这样说,中国金钥匙正作为中国服务的代表和先行者,带领中国现代服务业走向世界。

【知行合一】

以小组为单位,尝试利用网络、书籍、报刊等途径收集不少于三个感动中国人物的故事,分析人物身上所体现的职业情感,并制作手抄报。具体要求如下。

（1）小组分工明确,各司其职。

（2）内容丰富,准确把握人物的职业情感。

（3）手抄报呈现形式新颖美观。

第二节　酒店人的阳光心态

健康是指一个人在身体、精神和社会适应等方面都处于良好的状态。世界卫生组织(WHO)将健康定义为躯体健康、心理健康、社会适应和道德健康四个方面,并明确了健康的七个标准,其中能够控制自己的情绪并且心境良好这一心态指标是心理健康的衡量标准之一。

心态,就是心理状态。它是心理过程与个性心理特征统一的表现。职业心态是指在职业生涯当中,根据职业的需求表露出来的心理情感。成功人士与失败者之间的差距在于成功人士倾向于用积极的思考、乐观的心态来化解职场中遇到的问题和困难。碌碌无为的员工则恰恰相反,他们较容易受所经历的失败与怀疑干扰,最终故步自封,平平庸庸。职业心态不仅影响工作状态,还影响着职场人士的身心健康。积极、良好、乐观的心理因素可以有效地促进人的身心健康,而消极、不良、悲观的心理因素则会直接损害人的身心健康。只有当生理和心理都处于一种良好的状态,二者相辅相成,相互影响,才能使人保持健康。

"播下一个动作,你将收获一种习惯;播下一种习惯,你将收获一种性格;播下一种性格,你将收获一种命运。"性格的好坏在很大程度上影响着人们的健康,同时也决定着一个人的成败。优秀的性格,如深思熟虑、沉着冷静、善于自控、达观开朗等,这些都有助于人们的身心健康,并且取得事业上的成功。有怎样的心态,就会有怎样的人生轨迹。

为迎接即将到来的职业生涯,我们需要具备与环境相适应的、持续的、阳光乐观的职业心态,其表现为认可自身所从事的职业,享受职业带来的快乐和满足,充满感恩之情,拥有工作和生活的智慧和追求完美的积极行为状态,时常使自己处于愉快的工作状态之中。

阳光心态是积极、知足、感恩、达观的一种心智模式。阳光能驱赶黑暗和潮湿,温暖我们的身心,而心态对我们的思维、言行都有导向和支配作用。人与人之间细微的心态差异,就会产生成功和失败的巨大差异。阳光的人视失败为垫脚石,消极的人视失败为绊脚石。阳光的人在忧患中能看到机会,消极的人在机会中看到忧患。阳光的人用心态决定成败,消极的人用成败决定心态。阳光的人用心态驾驭命运,消极的人被命运驾驭心态。

阳光心态具有以下几方面特征。首先,阳光心态表现为善良谦和。善良是指面对工作和服务对象要始终坚守服务本心,从服务对象的身心良好体验出发,竭尽所能地为其提供尽可能细致的服务。想他人之所想,热爱本职工作,态度谦和,成为"善良又有智慧"的人,富有同理心,将自己的内心想法与他人联系起来,站在对方的立场上思考问题,建立良好沟通,增进理解。当他人遇到困难时,主动送去一份同情和爱护,让周围环境更加充满人文关怀,在与人为善的过程中收获支撑自身职业成长源源不断的动力。

其次,阳光心态表现为乐观快乐。在工作和日常生活中,形形色色的人和事物、快速变化的大环境不免会为我们带来诸多的挑战和障碍。面对这些不确定性,拥有阳光心态的人常常具有解决问题的信心,以一种积极乐观、泰然自若的心态去面对,注重运用积累的资源和经验,并在不断成功解决各种问题的同时,日益坚定自身的职业信念,享受工作的快乐。快乐是人由内到外感受到的一种非常舒服、满足、开心、高兴的精神愉悦状态。在快乐的时候,我们往往思路清晰,态度积极,较不容易被负面情绪所困扰,更倾向于热爱生活、热爱工作、真诚待人。理想的工作状态是充满快乐的,学会发掘工作中蕴藏着的快乐因子,感到自己被需要、被尊重,体会自身独一无二的价值,享受工作中获得的成就感和愉悦感,在快乐的体验中寻找到启迪和智慧、挖掘源源不断的精神力量。

再次,阳光的心态表现为坚持不懈。成功学的研究显示,那些具有杰出个人品质并取得巨大成功的人往往都有把一件事坚持做下去的积极心态。

最后,阳光心态还表现为感恩和爱。感恩给予,珍惜拥有,不斤斤计较,避免私欲膨胀、心生埋怨。拥有了爱的能力,就拥有了工作和生活的智慧,就能使自己时常处于快乐的工作状态中。

阳光职业心态的培养需要我们坚守初心和本心,在不同的工作心境中学会平衡。工作高潮时,懂得感恩生活,谦和有礼,乐善好施;工作低潮时懂得坚持自我和合理调节,宽容理解,放眼未来;平常状态下,懂得严以律己,温柔宽厚,追求极致,创造美好。通过学习和实践阳光心态获得积极向上的心理感受,从而促进自身达成高效的工作状态。

【课堂工作页】

1. 请简述阳光心态的重要性。

_____

_____

_____

_____

2. 请对照阳光心态的特征,尝试写下您身边具备阳光心态的人物故事,故事中请勿出现人物真实姓名。

_____

_____

_____

_____

3. 阅读以下案例,思考并回答问题。

服务员请动大厨赔礼

一位宾客参加在某五星级酒店举行的一次鸡尾酒会,当他与朋友正边吃边聊时,嘴里突然"咔嚓"一声,咬到了一块小铁皮。于是他招来服务员,告诉他点心里有一块小铁片,服务员立即十分内疚地表示歉意。客人看到其真诚道歉的态度,并且自己没有受到损伤,也不打算投诉了。

服务员向宾客道歉之后离去,这位客人以为这件事就这样了结了。但令他惊讶的是,大约过了五分钟,服务员竟然带来主厨向他表示歉意,并主动提出让他到酒店的医务室或当地医院去检查。这家酒店如此郑重其事,令客人感到极受尊重,有一种温馨的感觉,也忘了小铁片曾给他带来的不快。

请谈谈案例中服务员的做法是否有助于阳光心态的塑造。

_____

_____

_____

_____

_____

【知行合一】

全班同学分为正反两方,围绕"阳光心态是先天特质还是后天形成"这一辩题展开辩论。

<table>
<tr><td colspan="3">辩论赛分工表</td></tr>
<tr><td></td><td>正　方</td><td>反　方</td></tr>
<tr><td>主席致辞</td><td></td><td></td></tr>
<tr><td>一辩(立论、攻辩小结)</td><td></td><td></td></tr>
<tr><td>二辩</td><td></td><td></td></tr>
<tr><td>三辩</td><td></td><td></td></tr>
<tr><td>四辩(总结陈词)</td><td></td><td></td></tr>
</table>

第三节　酒店人的涵养与笑容

在日常生活和工作中,服装首饰等外在条件虽然比较重要,但礼貌温和的面部表情比外在修饰更为重要。清代戏剧家李渔在《闲情偶寄·声容部》中写道"面为一身之主,目又为一面之主"。眼睛是面部的灵魂,心灵的窗户,目光语是最富表现力的一种"体态语",能够有效地传情达意。我们在日常生活中要注意运用规范得体的眼神,辅以社交场合中最富有吸引力的面部表情微笑,给他人留下好的印象。

恰当的目光交流能够体现对对方的尊重,目光的角度、区域和停留时间则会传递出不同的情绪和信息。目光的角度即目光从眼睛里发出的方向,不同角度通常体现与交往对象的亲疏远近,不同角度应用于不同的场合和交往对象。常用的角度有平视、仰视、环视等。平视即视线呈水平状态,常用在与自身年龄相仿、地位平等的人进行交往时,表示重视对方和不卑不亢。仰视即从低处抬眼向上注视对方,表示重视、敬畏之情。环视指环顾四周,如前台服务员在为多位宾客办理入住登记服务时,应按照先来后到的顺序对每一位宾客多加关注,同时以略带歉意、安慰的眼神不时环视等候的客人。恰当地使用环视眼神,兼顾多方,表现出善解人意的优秀服务水准。

目光注视的区域是指目光在注视对象通常是其面部停留的区间。以两眼为底线、额中为顶角形成的三角区通常称为公务凝视区域,多用于洽谈、磋商等公务场合。注视对方的双眼,表示自己重视对方。注视对方额头,表示严肃、认真、公事公办。以两眼为上线、下颌为下顶角所形成的倒三角区称为社交凝视区域,一般用于社交场合。两眼与胸部之间的区域称为亲密凝视区域,一般用于亲密关系的人员之间。

目光注视的时间不言而喻,与对方目光接触的时间一般是与对方相处的总时间的1/3。心理学实验表明,人们视线接触的时间,通常占交往时间的30%—60%。如果超过60%,则表示彼此对对方的兴趣可能大于谈话的内容;低于30%,则表明对对方本人或交谈的话题没有兴趣。

目光的运用有以下三点衡量标准。首先,面对谈话对象目光应该真诚、友善、眼神柔和,情感自然流露。其次,眼睛要正视对方而非频繁左顾右盼。最后,注意把握眼神的集中度和交流度,眼神的交流度指眼神能够传情达意的程度。在应用眼神时,注意避免斜视、瞥等不礼貌的动作。同时,不能对人眯眼,也不应注视交往对象的唇部。

除目光外,微笑也是社交场合不可缺少的要素,它是社交场合最有价值的面部表情,也是促使人际关系友善和融洽的感情因素。微笑是善良、友好和赞美的象征,是对他人的理解、关心和爱的表达。恰到好处的微笑可以缓和紧张气氛,可以减轻对方的不满,也可以弥补工作中带来的失误。微笑可以从内心深处打动他人,给他人留下热情友好的良好印象,有助于人们获得顺畅的职业生涯。

按照嘴角上扬的幅度,可将微笑分为一度微笑、二度微笑和三度微笑。一度微笑是指嘴角微微翘起的轻度微笑,适用于初次见面。二度微笑是指嘴角明显上扬,适用于日常社交场合以及与亲友同事间的友谊性微笑。三度微笑即所谓的"八颗牙微笑",是指适用于亲人、恋人等较为亲密的交往对象间的大幅度微笑。与交际对象相距较远距离时,多采用一度微笑;与交际对象相距3米左右时,多采用二度微笑;与交际对象相距约1米时,多采用三度微笑。日常生活和工作中,我们要注意练习眼神和微笑,眼中含笑,声音融入笑容,注意发挥其与声音结合的力量。

在应用微笑这一面部表情时,要保持面部肌肉放松,嘴角上翘,充满友好和善意,表情幅度适中,口眼结合,笑的幅度不宜过大,以保证面部表情和蔼可亲。

此外,微笑应该是真情流露,笑容要真挚,只有发自内心的微笑才富有魅力,才会让人感到欢愉。与此同时,微笑要讲究时机,要留意交往对象的面部表情变化,与交往对象感同身受而非贸然微笑。更为重要的是,微笑要注意保持,做到始终如一,来也快去也快的微笑显得缺乏真诚,时有时无的微笑则不符合交往礼节。在微笑时,应避免皮笑肉不笑的假笑、含有讽刺不屑意味的冷笑、含有恐吓意味的怪笑、带有阿谀奉承意味的媚笑和幸灾乐祸的讥笑。

为了让我们的微笑真挚而不失优雅,在日常生活和工作中,需要有意识地进行微笑的自我训练,运用对镜训练法、情绪记忆法等多种方法辅助微笑的训练,以期达到理想的笑容状态。

对镜训练法是指端坐桌前,放松面部肌肉,保持心静,双唇轻闭,不露齿或微微露齿,嘴角微微上翘。通过自我观察,找到自己认为最好的感觉,将微笑的细节记录下来,在以后的时间里反复多次训练,使其成为惯性的笑容。

情绪记忆法是借助由外界刺激引起的愉悦和兴奋情绪唤起微笑,把这种情绪储存在记忆中,时不时唤起该种记忆,调动自身情绪,保持会心的微笑。此外还要注意训练眼神和微笑的搭配。

口型训练法先要保持闭唇或嘴唇微启,唇角微微上翘,借助个别数字发音如"一""七"等进行口型训练,默念这些字词时所呈现的口型是较为自然美好的微笑口型,记录并通过反复训练保持该种微笑的感觉。

模拟微笑训练法是指借助拇指、食指或中指轻轻向斜上方小幅拉动嘴角,观察并得出满意的笑容面部状态,记住最满意的嘴角位置,反复多次练习。

筷子训练法即选用一根洁净光滑的圆柱形筷子,把筷子横着咬在双齿间,两嘴角上拉并尽可能高过筷子,保持该种状态下的笑容5秒后放松一下,随后接着训练,建议每天训练10分钟。

【课堂工作页】

1. 邀请一位同学与您进行目光交流练习,在此过程中,双方分别依据自己的理解写下对方的心理活动,随后检查对方的判断是否与自己想要表达的思想感情相符。

_____

_____

_____

_____

_____

2. 某酒店接待一个大型会议,总台服务员忙着接待客人,嗓子都喊哑了,当终于有机会舒口气时,部门经理出现了。她非常生气,并要求一名服务员在过失单上签字,因为这个服务员在一连接待了几位客人以后,一直挂在脸上的微笑也不见了,文明用语变少了。虽然今天客人多,来的集中,但也不能原谅这种错误。服务员即使觉得委屈,但还是不得不在过失单上签名。

思考1　您认为这位服务员是否有过错?

_____

_____

_____

_____

思考2　请和小组成员讨论,如何让服务员在工作过程中始终保持微笑?

_____

_____

_____

_____

3. 阅读以下案例,思考并回答问题。

希尔顿酒店的微笑服务

1907 年,正值美国发生经济大恐慌的那年 12 月,一个名叫康拉德·希尔顿的 20 岁孩子在美国新墨西哥州的土坯房里开办了家庭式旅馆以应付生计并庆祝自己的生日,他还对母亲说:"我要集资 100 万美元,盖一座以我命名的新旅馆。"又指着报纸上一大堆地名说:"我要在这些地方都建起旅馆,一年开一家。"

1928 年 12 月,时间过去了 21 年,康拉德·希尔顿在他 41 岁生日这一天,他所有梦想都一一实现了,并且速度大大超过预期。在达拉斯阿比林、韦科、马林、普莱恩维尤、圣安吉诺和拉伯克都相继建起了以他的名字命名的酒店——希尔顿酒店。1949年,希尔顿国际公司从希尔顿酒店公司中拆分出来,成为一家独立的子公司。1964年,希尔顿国际公司在纽约上市。2007年上半年,有410间客房的厦门希尔顿酒店开业。

与美国本土相比,希尔顿酒店在其他国家的品牌认知度较低,但在国际旅游者眼里,希尔顿却是首选。人们对房间的设置划分为办公区、放松区、盥洗区等感到熟悉,凡入住希尔顿的旅客均可赢得50多个航空公司的飞行旅程积分。国际希尔顿旅馆有限公司每天接待数十万计的各国旅客,年利润达数亿美元,雄居世界最大旅馆的榜首。除南极之外,希尔顿酒店已经遍布全球。2008年,希尔顿Conrad豪华酒店在上海新天地开业。

旅店帝王希尔顿成功的要诀就在于"你今天对客人微笑了吗?"希尔顿就是在微笑中提供优质的综合服务。旅馆是一个服务和款待的行业,为了满足顾客的要求,希尔顿帝国除了到处都充满微笑外,在组织结构上,希尔顿尽力创造一个尽可能完整的系统,成为一个综合性的服务机构,使到希尔顿酒店寄宿的旅客真正有一种宾至如归的感觉。

请分析一下,希尔顿酒店为什么能在激烈的市场竞争中取得成功?

_____

_____

_____

【知行合一】

用镜头捕捉最美微笑。

全班同学分为5组,各小组通过组内民主推选的方式选出1名代表前往本专业的对口实习酒店,分别在前厅部、客房部、餐饮部、保安部、人事行政部寻找酒店最美微笑,并在征求本人同意后与最美微笑员工合影留念。

模块三 职业精神培养与职场驾驭力

第一节 酒店文化与服务理念

企业文化是企业在长期的实践活动中形成的并为企业成员普遍认可和遵循的具有企业特色的价值观念、工作作风、行为规范和思维方式的总和。企业文化是一个企业文明程度的反映，也是企业综合实力的体现。随着时代的进步，企业将逐渐面临新的形势、新的任务、新的机遇、新的挑战，要想在激烈的市场竞争中取胜，将企业发展壮大，就必须树立"以文化兴企业"的理念。通过建设和弘扬企业文化，一方面，将员工的价值观与企业的发展目标相统一，为企业员工提供正确的价值引导，将企业的制度转化为富有人性化的自觉遵循。另一方面，使企业员工产生强烈的归属感，从而吸引及留住人才。长此以往，实现以文化管理企业，达到提升企业形象、丰富企业内涵、增强企业在同行业中的竞争力的目的。

酒店文化是酒店经营理念、价值标准、管理模式、物质文化环境等的总和，是酒店全体员工共同奉行的价值观、酒店精神、经营哲学等，渗透在酒店经营整个过程中，是酒店企业的灵魂。借助酒店文化来影响员工，从整体上提高酒店员工的素质是提高酒店服务质量和增强酒店竞争力的重要手段。

酒店文化由三个圈层构成。第一圈层为最表层，即酒店的物质文化和服务文化。物质文化由酒店的建筑布局、设备设施、装饰风格等有形实物所组成，服务文化是酒店员工在提供服务的过程中养成的服务习惯，是顾客在酒店消费过程中对直接接触到的服务的心理感受；第二圈层是制度文化，它是酒店在日常经营管理过程中形成的管理机制、管理模式；第三圈层是精神文化，即对服务质量及其重要性的直觉反应和理性思考，包括酒店价值观、服务意识、服务精神、服务理念等。

每一圈层面在酒店文化这个"同心圆"中分别起着独特的作用。物质层是酒店文化的基础，是建设酒店文化的重点工程；制度层是酒店文化建设的重要保障，酒店将服务用制度的形式规定下来，将抽象的服务理念和要求具体为服务的各项指标，进而渗透到企业的经营管理当中，以提高服务和管理水平；精神层则是酒店文化的灵魂。越来越多酒店奉行的"以人为本"的服务理念和服务意识是酒店精神文化的重要体现。

酒店服务理念是在满足不同顾客需求的基础上，向酒店全体员工提出的通用服务价值观，是指导员工开展服务工作的基本原则。"以人为本"的服务理念认为服务无小事，顾客是上帝，是酒店生存发展的源泉。

酒店服务意识是酒店员工职业素养、价值观念等的综合体现。高星级酒店员工往往以入住宾客为关注焦点，拥有为其提供一切力所能及服务的心态和理念。在这种服务意识的指引下，员工将服务对象作为关注中心，时刻领会服务对象的入住需求，为宾客打造完美的入住体验。由此可见，服务意识关乎着服务水平、服务质量的好坏。

酒店业提供的主要是以服务形式呈现的无形产品，这就要求酒店要保障服务质量，而服务质量最终落实在酒店全体工作人员的日常实际行动中。只有在正确的服务意识的影响下，员工才能做好服务客人的本职工作，切实提高服务质量。

服务意识的形成过程是酒店员工自我认知、自我完善和提高的过程,需要依靠有意识的学习和模仿,在日常工作中积淀而成,需要员工认同酒店的服务文化,具备高度的行动自觉,将服务意识看作自身素质提高和获得事业发展不可或缺的部分。具体而言,良好服务意识的培养主要有以下四个途径。

首先,酒店要致力于打造良好的酒店文化环境,即酒店在长期的发展过程中所形成的服务价值取向。文化环境具有潜移默化的约束力,在特定的服务文化环境中,与酒店价值观相符合的行为会备受推崇,但违背酒店服务文化的行为则会阻碍员工的职业发展。良好的酒店服务文化环境对于规范员工的服务行为,引导员工树立正确的服务意识和服务精神具有不可替代的作用。

其次,加强酒店员工服务意识培训。酒店服务意识作为一种观念形态和职业价值取向是可以在培训过程中得到潜移默化的强化的,酒店在组织入职培训、岗位晋升等各类培训时可以重点关注员工服务意识的形成和巩固。

再次,建立服务激励机制。酒店以书面的形式对各种服务行为的奖惩方式做出规定,通过明文规定来塑造员工的恰当行为,帮助员工形成正确的服务意识。

最后,酒店员工自身要树立良好的服务态度。只有当服务意识渗透在酒店员工的职业价值取向中,才可能在其日常服务过程中得到运用。因此培养良好的酒店服务意识,酒店员工首先应该树立起良好的服务态度,热爱所业,尽职所业,与服务对象建立起平等且友好的宾客关系。

【课堂工作页】

1. 请和小组成员讨论酒店文化和服务意识二者的关系。

_____

_____

_____

_____

2. 结合您的所学,简单描述一下酒店员工服务意识的培养途径。

_____

_____

_____

_____

3. 阅读以下案例,思考并回答问题。

2009 年中国全球酒店文化产业高峰论坛

文化作为企业的基因,已经在酒店经营中占据越来越重要的位置。业界认为,酒店业已到了需要整体反思和变革的阶段。文化产业已经成为新的经济增长点,酒店业作为一个古老的行业,本身就是一个文化演绎的场所。而文化作为企业的基因,也影响到酒店的经营和发展。因此,酒店文化也越来越成为酒店行业同仁们谈论的焦点。

中国 2009 全球酒店文化产业高峰论坛在第五届文博会雁盟·酒店文化产业园分会场举行。本届高峰论坛展示了深圳最前沿的酒店文化创意魅力,促进了中国酒店业文化创意精英群体的交流与共赢,推动深圳酒店产业走入文化轨道。

来自世界各地酒店业者、中国国家旅游行业主管部门领导及本土酒店杰出代表在本次论坛集中亮相,特邀嘉宾于丹也出席并从自身的角度探讨了人与酒店的关系。

记者了解到,本次高峰论坛中心主题为"文化成就创新,论酒店文化的创意之路",来自各地的酒店业高层管理者以此展开对话。对话从深圳华侨城洲际酒店的主题文化切入,与会嘉宾分析了各自对于酒店文化的理解和建设实践。

原国家旅游局质量规范与管理司副司长刘士军表示:深圳华侨城洲际酒店"建的艺术馆就是酒店在打造文化方面的一个延伸。今天我们聊酒店在发展当中如何介入到文化产业,文化产业如何为酒店发展提供一个平台,我觉得一个企业文化打造重点是向我们的管理者灌输一种团结、合作和规范的精神,同时把这种精神落实下去。"

与会者多数都是业界翘楚,同时也研究过本土及国际的众多酒店。不少本土经营者认为,中国酒店业发展了三十年,一直都在向国外学习,而今已经进入了还原中式酒店风格的时代。

北京健一酒店投资管理集团董事长康健一介绍说:"我的酒店理念是把很多人抛弃用不上的东西捡回来,安了一个家。

但是,我们所做的工作并不是一味地复古,我们酒店的定位是'中式现代酒店',因为我觉得把古老的东西拉到现代可以实现现代化。我们追求的是中国文化、中式元素,并且还要跟欧美的生活方式结合起来。"

对该观点予以支持的是瑞士洛桑酒店学院中国顾问张祖望教授:"我去年去过很多高级酒店,中国的高星级酒店无论是硬件还是软件,无论是文化还是服务,都不亚于欧洲的酒店。但中国的酒店在文化上有缺点,我们的文化在异化,别人的文化在衰落。"

"举个例子,我在国外的高星级酒店看到所谓厅堂的命名都是外国的一些文化名人,中国酒店里有很多也是外国名字,跟我们国家毫无文化关系,也没有看到以'李白'命名的厅堂。我们今天谈创新的时候,要想想老祖宗的一些文化遗产,这些文化遗产可以增强我们对民族文化的信心"。

"事实上酒店文化是一个非常大的范畴,囊括了所有文化系统。酒店文化从服务这一块来讲,中国有五千年的历史文化,如果我们把老子的思想以及中国文化的精神融入服务的观念中去,那么这才是走中国特色的酒店文化之路。"雁盟酒店文化产业园总裁卢香宏这样表示。

"苏东坡一辈子流离失所,他说过'此心安处是吾乡'。深圳都是移民,从天南地北带着口音过来,他们为什么留在这儿? 是因为这个城市的节奏,人与人之间的距离,现代的文明和绿化环保让他们喜欢这儿。一个酒店能不能让人有'此心安处'的感觉,是酒店管理者要考虑的问题。"北京师范大学教授于丹也将她的中国哲学融入了酒店文化当中,并带来了独特的思想与大家分享。

中国在一定程度上代表了典型的东方文化。传统的哲学思想与观念如儒家学说和道教思想,有着悠久的历史渊源,直至今天这些传统思想依然具有一定的影响力。我们在引进洲际酒店集团先进的管理技术、模式的同时,也对他们的经营理念、企业文化极力推崇。而我们的企业文化建设的核心既要继承中国传统文化的精髓,又要在此基础上有所提升,形成独具中国特色的企业文化。在消费者日益追求个性化体验的今天,这种特色也是我们与国际酒店集团相比优势所在。只有熟悉和了解中国文化传统,利用本土化优势,中国酒店业才能在发展中展现出自己的竞争优势。

(1) 结合我国的物质和精神文明发展成果,思考我国酒店文化与西方酒店文化的差异体现在哪些方面?

物质层面:

_____

_____

精神层面:

_____

_____

_____

麦当劳的服务文化

在日本,麦当劳是大、中学生们的天下,考试前的复习也在店堂里进行。服务员会亲切地对某位学生说:"快期末考试了,要加油哦!"一会儿又关心另一位看上去精神不佳的学生:"怎么啦? 身体不舒服吗? 快大考了,身体不能出毛病啊!"

一天下课后,学生们都聚到了麦当劳,不知发生了什么,学生们特别兴奋,忘乎所以地大声喧哗,影响了他人。一位20出头的女服务员走过来,满脸微笑,眨眨眼睛,用食指竖在嘴前,扮了个鬼脸,轻轻"嘘"了一声。孩子们都静了下来,也报之以调皮的一笑。

一位客人在店里打投币电话却没有零钱,服务员发现了马上帮忙去换零钱。一家麦当劳店堂内是插卡电话机,有一次客人有急事没卡打电话,服务员去拿了卡给客人打。后来知道,这是店里为应急客人特备的。

麦当劳的玩具不全是为抽奖用的。一次,有个孩子哭闹不停,妈妈束手无策。一位"星级服务员"拿来一个卡通玩具送到孩子眼前,半蹲着说:"多可爱的小熊,跟它玩,小熊归你了!"还耐心地教孩子怎么玩儿。孩子破涕为笑,母亲谢声不迭。

一位客人买汉堡包要加番茄酱,服务员亲切地问:"前两次您都不加,这次怎么要加番茄酱了?"客人高兴地说:"你的记性不错,今天换换口味。"服务员马上又向客人介绍新推出的一种汉堡包:"加了番茄酱更好吃。"客人欣然接受。美国当天正在举行一场橄榄球赛,两位球迷边吃边津津乐道。服务员应客人要求给咖啡续杯(有些地方麦当劳可以续杯),不失时机地插上几句对球队和球员的评论,但绝不停下来与客人聊天。

一位顾客临走时,桌上剩下许多食品,"星级服务员"马上走上前去,笑盈盈地说:"哎哟,这么多没吃掉,肯定我们的出品不合您的口味,请批评。可以的话请赐张名片,我们改进后一定请您再来品尝、提意见。"

一位并不吃快餐的过路人推门而入,询问如何去某旅游点。服务员拿出店内备有的地图耐心告知,并陪客人出门,指明方向。

诸如此类的小例子,在世界各地的麦当劳时时可见。每一位员工进入麦当劳会同时被灌输一个理念,那就是"一切看你自己"(Everything is up to you.)。它的内涵就是指在你的职责和权力范围内,发挥积极性和灵活性,使顾客获得最大程度的满意。而这个"积极性"和"灵活性",只有员工具有积极的职业情感和乐观的职业心态才能得以实现。改革开放以来,我国饭店业大力贯彻实施星级标准,与国际服务水平接轨,并在中国的服务业中成为开放程度最大、规范化程度最高的先驱和楷模。但在饭店业竞争日趋激烈、顾客需求越来越呈现个性化和多元化的今天,我们要认识到规范化和标准化只是优质服务必不可少的基本条件,而不是充分条件,更不是最高境界。标准化虽是科学管理的基础,但在人与人直接面对面接触的服务业中尚显出两点不足:一是没有瞬间的顾客信息反馈与调整;二是缺乏情感交流。通过情感沟通来留住顾客,这才是麦当劳服务内功的最高心法。我们的饭店业应该悟得麦当劳经营理念的真谛,以"顾客满意"作为企业文化建设的核心,把规范服务、个性服务和情感服务融为一体,使饭店的优质服务跃上一个更高的平台。

(2)请谈谈麦当劳在服务过程中所体现的企业文化,并简述对您的启示。

工作人员体现的企业文化	启　　示

【知识链接】

国内外著名酒店的服务理念

1. 国内著名酒店的服务理念

(1)锦江酒店:人和锦江,礼传天下。热心用心,细心精心。

(2)首旅建国:为顾客提供高质量的服务,创造宾至如归的体验。

(3)粤海酒店:德于心,诚于形,礼于人。

(4)港中旅维景:维系为客人服务、为业主服务、为员工服务、为酒店服务的"四为"理念。

(5)上海莫泰:一如既往地本着最大限度地给予员工以人文关怀的精神,把对顾客真诚而有效的专业服务作为实现我们理想与才华的载体。

2. 国外著名酒店的服务理念

(1)凯宾斯基:充分满足客人,只有员工的肯干和能干才能提高对客人服务的质量,只有拥有了完美的服务,才能吸引客源。

(2)凯悦:时刻关心您,以优质服务创造凯悦风格。

(3)洲际:每时每刻、体验非凡,以"做对的事、体现关爱、追求卓越、求同存异、合作共赢、制胜之道"为行动载体,致力于广博见闻式地分享本地知识,为客人提供令人难忘的、原汁原味的、与众不同的丰富主题酒店文化亲身体验,从而开阔客人的视野,呈现非凡品位之旅。

（4）丽思卡尔顿：使宾客得到真实的关怀和舒适是最高的使命。

（5）希尔顿：为我们的顾客提供最好的住宿和服务。

（6）温德姆：顾客是第一位的，我们以尊重和真诚来对待每一位顾客，尊重个人价值、不同的文化和工作方法，我们通过团队来达到我们的目标。

（7）喜来登：做得更多。

（8）"W"：无论您需要什么，无论您什么时候需要。

假日酒店企业文化

假日酒店（Holiday Inn）在20世纪70年代成为美国也是世界上最大的经济型酒店连锁集团。它的成功经历被复制到欧洲，成就了雅高集团。90年代末，假日酒店被当时的BASS公司（改名洲际）收购，成为当今世界上最大的酒店集团。1999年，假日集团其余酒店被希尔顿饭店公司收购，将希尔顿一举拉入世界前10强的行列。因此从某种意义上来看，假日酒店成就了当今的洲际集团、希尔顿集团和雅高集团这世界3强。1952年，凯蒙斯·威尔逊创建了第一个假日酒店。

假日酒店一直以创新的规划和服务领先潮流，尽力满足中等市场顾客的需要，以高服务、高素质、高价值为宗旨。70年代初，假日酒店集团旗下的酒店超过了1500家，达到了如今世界前5强的规模，70年代中期一直是世界上酒店联号中规模最大的一家。1989年底，假日集团名下有自己经营和特许经营的旅馆1606家，分布在全球52个国家，客房数量相当于排名靠后的喜来登、华美达和希尔顿酒店公司客房数的总和。

假日酒店生意经：1. 一切为顾客着想。从顾客的实际需要出发，为他们提供周到的服务，是这个旅馆公司的座右铭。2. 严格控制，一丝不苟。假日旅馆公司靠得是个"严"字。公司编印了厚厚的《假日旅馆手册》，每个旅馆一本，各自都有自己的编号，严格保密，不得遗失或外传。3. 罗式教育亮育"假日旅馆精神"。这种精神是朴实无华、坚持不懈的乐观，加之以一种"复兴者的激情的综合体"。

假日酒店以其富有特色的企业文化著称。其中，客房文化最具特色。威尔逊为假日酒店的每间客房设想得十分周到，对工作人员的职责有着十分明确的规定：每天晚间7点左右，服务员会到客房把床罩掀起和将被单一角翻起来，让旅客可随时上床安寝。每晚还给每张床的枕边放上一块巧克力和一朵鲜花，可以帮助旅客香甜入睡。发现房间客人有药品（保健品）放于写字桌、床头柜、迷你吧台等处时，可以主动晾白开水并留言提醒客人"按时吃药"。发现房间客人使用笔记本电脑时，鼠标下放纸张或杂志等物品，主动提供一个鼠标垫给客人使用。发现客房中放有西瓜，主动为客人准备好托盘、水果刀和牙签。

此外，酒店还形成了退房文化和餐厅文化：可以延迟退房时间至下午16:30，退房的顾客将会收到酒店送的精美纪念品一份。服务生送顾客离开，并微笑着说："祝您旅途愉快！"客人在等待上菜时，主动为客人提供报刊或餐前小点，供其餐前阅览、品尝，淡化等候菜品时的焦急心情。

有了这种文化，就能自然地把酒店的产品与服务推到炉火纯青的境界。酒店管理制度的熏陶，各级领导的行事风格的感召，是企业文化的源头，也是企业成功的关键要素。

匠心独运，传承美食文化

广州，气候宜人，物产丰饶，又是千年商都、文化名城，更拥有汇聚八方的宾客，是连通海外商流的交通及商贸文化枢纽,因此餐饮文化源远流长。早在明清时代,已汇聚了南北风味、中西名厨,拥有"食在广州"的美名。粤菜名厨们更在虚心学习、认真实践的基础上,将南北、中西各大菜系的特点融会贯通,创出粤菜大体系下自成一格的流派,并传播到海内外,将美食文化发扬光大。

但在改革开放之前,人们对美好生活和美食文化的纯朴追求仿佛成了"思想落后,受封建腐朽思想影响严重"的罪证。悠久的餐饮文化受到了摧残,许多名厨被迫"靠边站",更别说传承、研究和创新了,许多传统的名菜美点几近失传绝迹。"食在广州"变得徒有虚名。

改革开放的春风给古老的广州带来了新鲜空气,也给广州的餐饮美食文化带来了生机。但在改革开放大业启动的初期,国家的发展路径还没明晰,许多餐饮从业者都是抱着走一步看一步的谨慎心态,大街小巷的餐饮门店远不如今天这样兴旺,走进国门的宾客们甚至难以找到一家舒适、卫生、美味的餐馆酒家。

民以食为天。在白天鹅宾馆建设之初,霍英东先生就已下定决心,要把白天鹅宾馆打造成一个汇聚中西文化的美食天堂。

除了打造优雅舒适、文化底蕴深厚的餐厅环境之外,做好餐饮还需要什么呢?

"努力传承优秀的中华餐饮文化,虚心学习海外的烹饪技艺及美食文化,并将之融会贯通,发扬光大,满足人民群众日益增长的对餐饮美食的追求,也让外国来宾真正了解'食在广州'的文化含义,认识博大精深的中华美食文化。"白天鹅人给出了响亮的答案。

除了合作经营平田日本餐馆,聘请国外名厨培养西厨团队,打造丝绸之路法式餐厅和广州最好的流浮阁自助餐厅,让广州人民认识、学习、体验西餐文化以外,白天鹅宾馆更是用心传承中国餐饮文化,打造出了玉堂春暖、宏图府、风味餐厅三大中式餐厅,以及培养了一大批中餐名厨。

改革开放带来了中华美食文化的涅槃重生。如今,随着"一带一路"等政策的实施,中外文化经济交流不断得到加深,白天鹅宾馆的美食文化也和中华传统美食文化一样,得到更好的传承与发展,不断挖掘优秀的传统文化,又不断地博采众长,稳健地迈步前行。

正如改革开放的事业需要一代一代人的坚持和开拓,白天鹅人对中华美食文化的传承、融汇与创新,也是依靠着一代代甘于坚守、默默坚持的厨师团队,用他们的匠心精雕细琢、执着追求、无声奉献。他们的传承、坚守、创新、传播,使得源远流长的中华美食文化在遭到了各种摧残之后得到了传承、复兴和发展,得到了自信的传播与无私的交流,与改革开放道路上的中国一样,融入世界,重现辉煌。

【知行合一】

请为你所在学院设计一个 Logo。要求:图文并茂、美观大方,能体现学院文化。

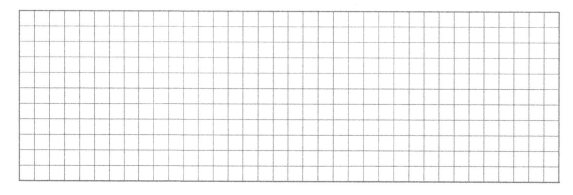

第二节　酒店人的职业形象

职业形象是指在公众面前呈现的形象,是根据个人的穿衣打扮以及言谈举止而塑造起来的一种对外形象。职业形象包含个人的外在形象和内在气质两方面的内容。其中外在形象包括个人的发型、妆容、姿态、服饰、礼仪等,内在气质则包括个人的性格、气质、身份认知、职业意识等。职业形象影响着个体第一印象的塑造。第一印象往往在最初交往的几分钟内形成,一旦形成便会产生长远的影响,且很难改变。根据心理学中首因效应,第一印象会左右他人对后续有关自身其他方面信息的理解。

作为酒店行业从业人员,酒店人的职业形象不仅彰显着个人素养,同时也代表着所在酒店的形象。良好职业形象的塑造可以通过仪容、服饰、仪态、举止四个方面着手进行。

酒店人的仪容需做到洁净、卫生、自然,并遵循以下规范:面容干净,不留胡须,鼻毛要经常修剪;女士不宜浓妆艳抹,保持妆面淡雅、适度、清新;牙齿清洁无残留物,口气清新;确保头发部分的整洁,女士保持头发整洁、柔顺、无头屑,发型大方不怪异、不染鲜亮的彩色,男士发梢前不遮眉,侧不过耳,发长以不触及衣领为合适;保持手部清洁,勤剪指甲,不涂抹颜色过艳的指甲油,不用香气浓郁的发胶和香水;表情放松,笑容真诚,表现出谦恭、真诚、友好的态度。

酒店人的服饰需做到整洁,无污迹、无异味。其中,男士的西装外套要扣好,领带饱满与衬衣领口吻合,长度适中,西装挺括,无褶皱。女士着西装时要讲究长度适宜,穿着到位,考虑场合,协调装饰,兼顾举止,佩饰要少而精。

酒店人的职业仪态要能体现昂扬向上的精神风貌。具体而言,站姿要讲究挺、直、高,避免身躯歪斜、弯腰驼背、趴伏倚靠、手脚随意的错误站姿;行姿要追求从容、轻盈、稳重,基本要求是方向明确、步幅适度、步速均匀、四肢协调、体态优美,避免横冲直撞、抢行挡道、蹦蹦跳跳的错误姿势。需要注意的是,在引导和陪同客人入住酒店时,要控制本人所处的方位和行进速度,礼让宾客。进出客人房门要先通报,服务结束时先退至门口再大步离开。蹲姿要讲究端庄、稳重、大方,避免突然下蹲、毫无遮掩、方位失当。坐姿要讲究端正、庄重、得体,做到在他人之后、从座位左侧、向周围人致意后轻声落座,离开座位时注意先有表示,缓慢起身,站好后从座位左侧轻声离开。

酒店人的举止需大方自然、优雅得体。在岗期间,认真专注,不做与岗位工作内容无关的事宜。与入住客人交谈时,要面带微笑,平视对方,不可左顾右盼,上下打量,耐心倾听并以点头等形式回应客人的谈话内容,要自然微笑。若有急事需中断谈话,应说声"对不起"。在与客人交接物品时,应双手递送,要把物品正面朝向对方,并将"请"字挂在嘴边,如"请您收下""请您收好"等。电话铃响三声之内必接听,态度亲切,并使用礼貌用语,时刻保障线路畅通。工作时间与客人有眼神接触时应面带微笑主动问好,与客人交谈时应恰当地称呼并注意使用文明用语。

职业形象是个人职业气质的外在表现,是个人追求职业成功的敲门砖,对于个人的职业成长具有重要的意义。酒店管理专业的学生要学会正确运用职业形象自我设计与塑造的方法,找准自身在学习和职业活动中存在的形象塑造误区,构思塑造个人整体形象的最佳方法,使自身的职业特征和外在魅力得以强化和完善,让其成为一种值得开发、利用的资源,从而助力自身收获未来职业前进道路上的长足进步。

【课堂工作页】

1. 您是否符合当代大学生的形象标准,请具体说明哪些方面符合。

_____

_____

_____

_____

_____

2. 请描述您将如何塑造自身良好的职业形象。

仪容:

_____

_____

服饰:

_____

_____

仪态:

_____

_____

举止:

_____

_____

3. 阅读以下案例,思考并回答问题。

客房宠物风波

　　M饭店的一个豪华套房内住着一对来华投资建厂的德国经理和他中国籍的太太。德国经理整天忙于工作,早出晚归。白天,只有他的太太独自待在套房内,闲散无聊,于是他们买了一条小狗养在房里取乐消遣。M饭店服务员进房清洁时,发现该套房内臭气难闻,地上到处是狗屎,小狗瞪着眼睛、张着大嘴冲着她汪汪大叫。这突如其来的情景,使这位服务员十分惊恐,她转身跑出房间,立刻找到本楼层的G领班,将此事作了汇报。G领班得知后,带着这位服务员急匆匆地来到该套房里,对着德国经理的妻子十分严肃地说:“我们饭店有规定,房客不能在房间里养宠物,请尽快把小狗处理了。”德国经理的太太十分傲慢地说:“这是我自己的房间,我并没有影响别人啊!”G领班态度强硬地说“那也不行,希望你按照饭店的规定做。”说完,转身走出了房间。

　　两天后,小狗仍然在房内大叫奔跑,G领班得知后,气冲冲地来到该套房,义正词严地对这位太太说:"前几天我们已经给你讲过了,为什么到今天仍然这样?"她得到的回答是:"这个房是我买下的,我愿意怎样就怎样,你管不着。"德国经理太太的傲慢无礼使得G领班越发激动:"你有什么了不起的,无非嫁了一个老外!"G领班的这句话,一下子把这位太太激怒了。于是争论变成争吵,双方不欢而散。

　　(1) 在以上案例中,您认为G领班的做法违背了酒店从业人员哪方面的职业形象要求?

------

　　(2) 如果您是M饭店的总经理,您将如何处理此事?

【知识链接】

好书推荐《你的形象价值百万》

　　《你的形象价值百万》是2005年中国青年出版社出版的图书,作者是英格丽·张。该书是一本每一个渴望发展自己事业的人都应该读的书,它展示给读者的是被大多数人忽视了的最基本的职业素质。

　　作者从海外归来,深刻地体会到职业化在现代中国商业发展中的迫切性。在雇员中,存在严重的技术和人际工程不平衡的发展,一些最基本的职业素质在中国却被称为礼仪。很多有高技能的职员,却不知道最简单的职业规范。一个成功职员的形象,展示出的是自信、尊严、能力,他不但能够得到领导和同事的尊重,也能成功地向公众传达公司的价值、信誉。一个职员的形象是保证公司成功的关键之一。

　　《你的形象价值百万》一书展示出的是一个国际化的公司的管理者和职员应该具备的素质。如果说它是一本形象设计书,不如说它是一本帮助职员和管理者走向国际化形象的范式。那些真实生动的故事,其实也发生在我们身边。作者将形象设计和追求成功的信念完美地结合到一起,更是一种品位生活的体现。职业化的形象并不是美丽,而是一种综合的全面素质。

这不仅是帮助商业人士打开成功之门的一把钥匙,更是一部启迪成功的智慧之书。

在这本书中,作者从服装、礼仪、气质、交流与沟通等方面,通过一个个真实生动的事例讲解了什么是成功的形象,罗列出我们工作和商务交往中常见的形象失误,职员们应该从中有重新认识自己的感觉。在每一节后面的"英格丽建议"中,都详细地指出怎样才是正确的做法。在中国日益国际化的步伐中,如何将主流社会的行为标准融为自然的举止,如何让企业员工更体现公司的文化、产品的价值,如何符合国际商务交往的礼仪和规范,是每一个渴望发展的企业和个人迫切需要知道的,英格丽在书中回答的正是这些问题。"形象"变得比任何历史时期都重要,谁得不到别人的注目,谁就要失败!

【知行合一】

全班学生分为5人一组,由各组组长负责指定礼宾员和客人,其他3人作为评委,负责对两者的表现进行评分。客人抵达时,礼宾员主动上前提供热情的接待服务。评委负责观察记录礼宾员的迎宾服务表现,并进行点评,随后各组礼宾员和客人交换角色。

角　色	角色分工(互换角色)	评委的意见和建议
礼宾1		
客人1		
礼宾2		
客人2		

第三节　酒店人的职业精神

对于酒店来说,经营是前提,管理是关键,服务是支柱和灵魂。酒店力图在激烈的市场竞争中脱颖而出,需要具备服务精神。所谓酒店服务精神,即酒店行业的一种企业精神,它是该行业在长期的经营服务过程中,在一种价值观念的支配下,逐步形成和优化出来的企业意识。它代表和反映着企业的整体追求和志向,是企业生存和发展的基石和动力。

国家层面上倡导企业培育精益求精的工匠精神,使得各行各业迎来了匠人制造时代发展热潮。在酒店行业转型升级过程中,也要求培养员工的综合素养与职业精神,而职业精神的核心即是工匠精神,加上社会民众积极呼吁工匠精神,管理层试图将员工培养融入工匠精神,紧追时代发展潮流,为酒店行业的升级再造注入新的力量。酒店的服务由各个岗位的工作人员提供,因而作为酒店的员工,都应该在酒店服务精神这一价值观的指引下,培养自身的职业工匠精神。

关于工匠精神的定义,不同学者持有不同的观点,但对于工匠精神内涵的界定,都至少包含敬业、专注、坚韧、创新等要素。

爱岗敬业是工匠精神的本质。爱岗就是热爱本职工作,敬业就是要用一种恭敬严肃的态度对待自己的工作。具有工匠精神的人深知每个人都是社会的零件,都有着不可或缺的存在意义。无论在哪个层次的岗位,做好自己该做的事情,就是对社会的极大贡献。"知之者不如好之者,好之者不如乐之者。"真正的"工匠精神"并非是在无聊反复的工作程序中自然天成,而是在"干一行爱一行"的职业追求的引领下方得始终。乔布斯说过:"工作将占据你生命中相当大的一部分,从事你认为具有非凡意义的工作,方能给你带来真正的满足感。而从事一份伟大工作的唯一方法,就是去热爱这份工作。"作为酒店人,要享受为宾客提供无微不至服务的这一过程,从中感受服务工作的乐趣和价值,以饱满的精神状态快乐工作,感染周围同事,营造良好的工作氛围,不断发掘自身的潜力,助力自身职业成长。

敬业是尽心尽力、尽职尽责完成本职工作的一种态度。只有尽职所业,才能获得岗位所需的关键能力,为自己未来的职业发展创造更多机会。敬业要求酒店人对服务工作富有耐心、恒心和决心,吃苦耐劳,踏实肯干,持之以恒,不计较个人得失,坚守职业信念。

专注是工匠精神形成的必要条件。面对日益多元的选择,心无旁骛的专注成了一种稀缺资源。专注要依靠自己的内心,主动以高标准严要求来面对日常的工作,在周而复始的工作过程中不断温故知新,怀揣高度的使命感,一丝不苟,精益求精,追求完美。个人的精力有限,无论从事什么工作,必须专注当下,把事情做细、做实,做到极致,抵住诱惑,心无旁骛,紧盯职业理想。

坚韧是工匠精神的核心。工匠精神蕴含坚如磐石、心无旁骛的坚持。成功源于对手头上的事精益求精,善始善终。冰冻三尺非一日之寒,成功也并非一朝一夕之功。在日常的服务工作中,要坚守自己的本职岗位和服务初心,兢兢业业,一丝不苟,精益求精,认真对待每一位客人和每一项工作,从小处着手,眼光长远,不急功近利,稳扎稳打实现职业生涯的跨越式发展。工匠一生不为名利,只求工作的一丝不苟、精益求精、作品的登峰造极。在工作中,紧盯工作目标,心无旁骛,最终创作出流芳百世的经典大作。

好奇心是工匠精神的助推剂。世界处在不断变化的过程当中,酒店人面临的服务对象和服务环境日新月异,新兴技术和人工智能的诞生给酒店业发展带来了机遇和便利,但也对酒店从业人员提出了挑战。为了迎合酒店业发展大势,酒店人需要不断更新自身的服务理念,学习并掌握未来酒店行业所需的服务技能。保持好奇心和谦逊的终身学习态度,扩充自身知识结构和眼界,增强自身的竞争力,拓宽职业发展渠道。在工作中发现问题,弥补自身知识和能力缺陷。工匠精神是一种传承,人们常说"师古但不泥古","师古"是指以前人为师,吸收借鉴前人宝贵经验,"泥古"是指墨守成规,生搬硬套,不加变通。不同的时间维度和外部环境对于酒店服务提出了不尽相同的要求,酒店人应该在保证服务质量的条件下,创新服务理念和服务内容,力求给予客人完美的入住体验,助推酒店业的持续健康发展。保持好奇心和开放的心态,终身学习,不断创新,做新时代酒店的工匠。

【课堂工作页】

1. 工匠精神是一种职业精神,它是职业道德、职业能力、职业品质的体现,是从业者的一种职业价值取向和行为表现。请描述一下,作为"酒店人"的工匠精神是什么?

_____

_____

_____

_____

_____

2. 结合工匠精神的要素,请和小组成员讨论,酒店人的工匠精神应该表现在哪些实例中。

工匠精神要素	实　　　例
敬　业	
专　注	
坚　韧	
创　新	

3. 阅读以下案例,思考并回答问题。

以人为本,工匠精神铸就品质酒店

在舜和国际酒店的经营中,有一个不成文的规定:不检查服务人员超编,而检查是否缺编。"别人都在降低人力成本,舜和在增加人力成本,我有人员下限的设置,没有人怎么服务? 我要做的就是把服务提上来,把品质提上来。"为此,去年春节期间有的店因为人手不够被董事长任兴本处罚了。

他的理念是服务是人做的,而不是物做的。在餐厅给客人端杯水是服务吗? 严格说不算。"月嫂为什么每个月可以拿六千、八千甚至上万? 为他人做事,而且是专业的事,才是真正的服务。"任兴本说。

现在有的酒店在去厨师化,但舜和在大量地招聘厨师、培养厨师。"变是永恒的,要不断地创新。舜和没有中央厨房,所有的菜都是现场制作,工业化生产那是饼干、方便面。餐厅就要特色化,给社会留下真正的厨师艺术。就像我们穿的衣服,时装设计师、裁缝做的衣服和工人做的衣服是不一样的。"任兴本希望把厨师培养成工匠,把工匠精神传承下去。

在任兴本看来,要提高品质就是要多用人。多用厨师,菜品质量才能上来;多用服务人员,服务质量才能上来。"要舍得用人,成本确实比别人高,但我的店我的菜受欢迎。"

用的人多就要管好人。任兴本他几乎不管事,只管人,主要研究人的本性、人的需求。他管人有自己的思路和制度,赏罚分明,然后在管理中把制度升华成为文化。就连打苍蝇、给人介绍对象这种事,在舜和都有制度。

每年到了5月份,舜和就开始给各部门发"苍蝇基金"。根据各部门的管辖面积、工作性质,确定一只苍蝇多少钱。"顾客投诉一只或者检查发现一只,就扣一只的钱,有的部门一只苍蝇甚至200元钱。员工积极性都很高,到手的钱不想再拿出来,一看见苍蝇都绝不留情。"

"红娘基金"则是舜和领班制度的独特产物。任兴本有着独特的组织架构理论,他认为别的企业是金字塔结构,最上面是董事长,下面是高管,然后是中层,最下面是基层员工。但舜和是大树理论,企业文化是根脉,高管是主干,部门经理是分枝,领班是连接树叶的细枝,员工是繁茂的树叶。

任兴本说:"顾客是太阳,所有的财富都是作为树叶的员工通过光合作用创造出来的。舜和的管理就是建立在领班基础上的,一个班5—13个人。领班要熟悉每位员工的情况,以人为核心,为员工谋幸福。员工快乐了,自然能把工作干好了。"

时至今日,舜和集团已经有1 700多名员工,旗下现有6家星级饭店,分别是山东舜和商务酒店、舜和国际酒店天禧店、天发舜和酒店、舜和国际酒店、舜和枣庄大酒店、烟台舜和新华侨大酒店。还有舜和海鲜、舜和巴西烤肉、舜和阿科博餐厅三家品牌餐厅。任兴本希望把酒店做好,让舜和的员工更幸福。"人活着更多的是为他人做事,心里总是想着别人的人是好人,个人吃饱全家不饿的人是不好的人,心里想着坑害别人的人是坏人。我愿做个好人,做个好人很开心。"任兴本这样认为。

他的幸福准则是,人最大的幸福是能干想干的事,干成功了想干的事。"用工匠精神为消费者提供美味,以道德使命确保消费者身心安康,我们要把'情满舜和、用心做事、感动顾客'作为企业的核心竞争力,打造中国一流品质的酒店。"

(1)请分析舜和酒店成功的秘诀是什么?

_____

_____

无缺点服务与补位服务

广东胜利宾馆就坐落在广州沙面大名鼎鼎的白天鹅宾馆后面,其点心部被评为全国旅游系统先进集体。宾馆点心品种多、质量好,一百多种早点全部标准化制作,色、味、形均不走样。然而最使客人钦佩的,还是宾馆那无微不至的服务。日本人创造了"无缺点产品",而在这里客人体验到了"无缺点服务"。从坐下就餐开始,餐厅服务有条不紊,滴水不漏,很难"挑剔"出一项差错。

服务员个个精神饱满,聚精会神,托盘不离手,不停地穿梭于餐桌之间,目光环顾,绝不遗漏一点服务细节。餐桌上的烟缸有两个烟头必定更换,既不会一个烟头就换,也从不超过两个烟头。客人喝了一口茶,服务员马上会上来给你沏满,柔声传语"请用茶";吃包子刚剥下粘在包子下的垫纸,服务员会迅速地用镊子悄然取走;客人刚从烟盒里取出一支烟,打火机已在面前点燃。服务员并不是围站在身边使人感到不自在,感到厌烦,而是当客人需要服务和应该被服务的时候,服务员总是适时出现,这真是"奇迹"。

胜利宾馆招聘服务员有一个信条,那就是素质第一。他们认为客人来店首先是享受服务,而不是来"选美"。若服务员相貌虽然漂亮,但冷漠、懒惰、服务态度差,是不会受欢迎的。因此,招工时在符合身高、体重、体形和相貌等基本身体条件下,着重看其修养,并通过3个月的试用期来观察员工素质水平,最终是否签录用合同需征得第一线部门经理的同意。

胜利宾馆依靠传统作风、严格制度、感情管理和素质选拔这四条,增强了凝聚力,提供了无缺点服务与补位服务,同时也取得了可观的经济效益。

(2)结合案例,请和小组成员讨论一下,胜利宾馆看重员工的哪些职业精神?

_____

_____

_____

【知识链接】

把十九大精神带回岗位　发扬酒店人的"工匠精神"
——十九大代表张丹凤

　　收到支部同志精心制作的贺卡,党的十九大代表、广州白天鹅宾馆高级宾客关系经理张丹凤感动到落泪。从北京返回广州的第二天,宾馆房务第一党支部的生活会就开始专门传达和学习十九大报告与精神。张丹凤做主题分享时说,要把贯彻党中央决策部署和立足岗位实际结合起来,做好本职工作,不辱使命,履职尽责,探索消费者需要转型,积极投入改革实践的一线,发扬酒店人的"工匠精神",坚持"四个自信",创新具有中国特色的服务模式。

　　"作为十九大广东省代表团的党代表,这既是荣誉,更是责任。我深感荣幸参加了这次大会,同时感谢党委组织的栽培和各位党员的支持和信任。"从北京飞回广州后,张丹凤马不停蹄地投入到工作中。她是十九大广东省代表中唯一来自酒店行业的从业人员,是白天鹅宾馆走出来的第一位全国党代表。

　　张丹凤说,十九大报告多次强调了青年在国家发展进步中的重要作用,体现了国家对青年的扶持和帮助,鼓励青年在实践中成长,在基层成才,为青年群体提供了良好的发展机制和成长平台。"作为来自旅游行业的一名基层党员,我在十九大报告中深刻感受到党中央对于基层职工、产业工人的重视与关怀。"

　　"如今,客人已不再把酒店当成仅供睡觉吃饭的单纯功能空间,它能联接一群有共同特点的相同品位的人,满足其探索、社交、学习的体验型旅游需求。"结合工作实际,张丹凤认为随着老百姓在精神文化上的消费需求不断提升,酒店人从原来围绕着硬件(设施设备、建筑装饰材料等)和软件(服务流程和相关规范等)两点来工作,到现在聚焦在定制化服务、大数据、营销方式、众筹、合伙人等一系列的新概念上。"酒店市场消费群众的变化和需求,从另一方面印证祖国走在了国富民强的正确道路上"。

　　张丹凤说,要把党的十九大重要精神带回来,带回旅控集团,带回白天鹅宾馆,带回自己的岗位,以实际行动引领广大基层党员深入学习和贯彻党的十九大精神,爱岗、敬业、有担当,充分发挥先锋模范作用。

　　她还补充说自己会扎根基层收集意见,将党的理论知识与行业发展具体问题结合起来,探究如何提升行业服务水平、如何向国内外游客展示广东岭南文化以及如何通过整合区域资源、促进产业融合使旅游业更好地服务国家经济发展和社会进步等议题。"也希望自己能够带领团队深入调研,探索消费者需求转型,积极投入改革实践一线,发扬酒店人的'工匠精神',坚持'四个自信',创新具有中国特色的服务模式,擦亮民族酒店品牌。"张丹凤说。

白天鹅月饼:匠心匠型,品质非凡

　　20世纪80年代初,人民生活水平明显提升,传统节日越来越得到重视。月饼这种传统中秋食品,也越来越多地出现在市场上。但那时候,市场并没有太多产品意识,更没有包装意识。到商店里买月饼,售货员大多都是把月饼用油纸一卷,红绳一扎,顾客就这样提回家了。只有极少数"高级"月饼,才会用现在看起来也极为粗糙的印花硬纸盒装起来售卖。就这样的包装,也已被视作珍品,一般人是舍不得自己吃的,都是作为礼品在亲友间送来送去地传递。

白天鹅宾馆开始生产、销售自己品牌的月饼是在 1985 年。从宾馆决定生产月饼的那天，霍英东先生就提出：我们白天鹅的月饼，必须是要与众不同，如果和市场上其他月饼没有区别的，那就不是白天鹅了。

如何做到与众不同，而又不哗众取宠？

霍英东带着点心师傅，一个一个地品尝香港最好的几家月饼，又把一些别具特色的包装盒带回来品鉴、分析。餐饮的点心师们，美工的设计师们，为了一个小小的月饼，费尽了心思。

当时已经名闻全国的点心师张暖埋头于各种材料中，反复进行试验，终于有一天他交出了答卷，一张让人惊喜的答卷。他决定抛弃市面上月饼标准的尺寸，制作迷你的"一口"月饼，大小只有普通饼的三分之一。抛弃市面上一般月饼的油、糖比例，采用更健康的低油低糖标准。同时，大胆地把用糖熬制月饼皮的普遍做法，改为采用开式拿酥皮做饼皮，且面皮坚持人工制作，不搅不揉，全靠手工，直到面有软熟的感觉，以确保饼皮出炉不碎不破。这种缩小尺寸西为中用、强调健康的做法，让白天鹅月饼一下子在众多月饼产品中脱颖而出。在选材上，张暖和白天鹅的其他师傅也是反复比较，最终只选用最好的湘莲子制作莲蓉，选用咸淡水交界的海鸥岛上的海鸭所产蛋制作的咸蛋黄，选用最高端的新西兰安佳牛油且对其蛋白质含量有具体指标要求。在制作环境上，制作工场必须保持二十摄氏度的低温以利于食材融合。在这样严苛的生产管理下，月饼烘烤出炉时饼身玲珑，色泽金黄，那芬芳馥郁的香味让人垂涎欲滴、胃口大开。霍英东先生品尝到试制出来的月饼时，马上拍板："就这个了。"

但在白天鹅月饼刚刚上市时，却遇到了尴尬局面。质监局不认可，回复说按照广式月饼高糖高油的标准，白天鹅的创新达不了标，所以只能算月饼状的糕点。也有人质疑，认为这不中不西的不叫月饼么。霍英东和白天鹅宾馆的领导对此并不在意，他们有一致的共识：如果跳不出过往的桎梏，走不出原来的圈子，那根本不是创新。

白天鹅宾馆曾一改当时市面上纸盒、铁盒的包装样式，经过美工们精心设计，大胆地采用白桦木做成的月饼盒，拿在手上，俨然一件精美的艺术品；打开品尝，更是让人欲罢不能。

自此而始，白天鹅月饼在中国月饼市场上打下了高端产品的一片天。白天鹅月饼在市场上受到追捧后，白天鹅人并没有因此而止步，相反对月饼质量要求更为严苛。除了食材采购严控质量关，白天鹅还订立了一套完善的生产、制作程序，规范每一个工序细节。皮的斤两和搅拌工艺，馅的轻重，包饼时的手法，打饼时的技巧，扫蛋浆时的力度，焙烤时的火候等，所有工序都有严格、统一的规程，从而保证了月饼出品的尽善尽美。月饼生产工厂的温湿度环境都有控制标准，月饼的包装间采取了严格的灭菌措施：包装人员穿着白大褂，戴上一次性口罩和手套，保证了月饼的无菌状态。经过重重检验的月饼在进入包装前，包装人员还会对月饼做一次极其苛刻的检查，将任何稍有瑕疵，即使只是饼面图案不够玲珑浮凸或饼身不够统一亮丽的都剔除出来。在入盒时连饼面图案中的鹅头朝向都要方向一致，保证了每一个出现在客人手中的月饼都整齐划一，精美如绝佳的艺术品。

此外，白天鹅月饼储存间使月饼在包装前达到一个最佳的温度、湿度标准，保证了月饼到达客人口中时不会过干失去润泽，也不会因湿度过大而产生霉变。在静置中，白天鹅月饼还会产生"回油"现象，月饼的外表呈现出越来越亮泽、油润的光彩，口感更加酥松、滋润，更进一步地提高了白天鹅月饼的外观和内质。做完了这一切，白天鹅人还未满足，在餐厅和月饼档前来提货时，相关人员还会开盒再做最后一次仔细检查，察看有无漏气、霉变、缺损，然后才完成交接。

有权威杂志在中秋前搞了一次月饼比赛,购入市面各种品牌的月饼,然后隐去标识,请专家和市民试吃,最后的结果是白天鹅月饼以几乎满分完美胜出,夺得第一。

许多广州人在中秋之夜都要留一盒最好的月饼,只给自己家人品尝,包装盒子还要留下珍藏。而在他们的心中,白天鹅月饼就是不舍得送出去、一定要留给自家人品尝的那盒"自家月饼"。

作为酒店业最早推出月饼的企业,白天鹅月饼生产销售至今。消费者的年年追捧、在酒店行业内遥遥领先的销量,都印证了白天鹅月饼在市场中的受欢迎程度和其超然的品质。白天鹅月饼低糖低油的配方早就得到了质监部门的认可,更成为新时代健康饮食的引领,中国烹饪协会更将白天鹅月饼评为"中国餐饮业精品月饼",确认了其行业内的一流地位。

匠心、创意都来自白天鹅人发自内心的坚持,是凝结在月饼、餐饮、一切产品和服务中的发自内心的坚持。白天鹅人永远在路上,不断超越自我,继续演绎白天鹅的经典传奇。

【知行合一】

《大国工匠》是由央视新闻推出的系列节目,讲述了不同岗位劳动者用自己的灵巧双手匠心筑梦的故事。这群不平凡劳动者的成功之路,不是进名牌大学、拿耀眼文凭,而是默默坚守,孜孜以求,在平凡岗位上追求职业技能的完美和极致,最终脱颖而出,跻身"国宝级"技工行列,成为一个领域不可或缺的人才。

管延安以匠人之心追求技艺的极致,让海底隧道成为他实现梦想的平台;"发动机焊接第一人"高凤林放弃高薪,为国奉献;周东红 30 年来始终保持着成品率 100% 的记录,他加工的纸也成为韩美林、刘大为等著名画家及国家画院的"御用画纸";胡双钱创造了打磨过的零件100% 合格的惊人纪录,在中国新一代大飞机 C919 的首架样机上,有很多老胡亲手打磨出来的"前无古人"的全新零部件。类似的人物故事还有很多,在他们身上大国工匠精神得到了最好的诠释,值得我们每个人学习。

任务要求:收看《大国工匠》系列节目,并与同伴交流分享您印象最深刻的大国工匠人物。

印象最深刻的人物	
我的感受	

第四节　优质企业成就优秀的你

企业是由人创造和管理的,不是由经济力量创造和管理的,人是企业成功的决定性因素。企业管理过程的核心价值是对员工人性的关怀。企业想要在激烈的市场竞争中获得成功,需要为员工提供广阔的发展空间,开发并充分发挥人力资源优势,这是企业经营管理的核心,也是决定企业生存发展的关键。现代社会,员工关注的不仅是企业所提供的各种报酬和物质待遇,更加关注的是企业能否提供自我提升和职业发展机会。优质企业往往充分认识到人力资源培养的重要性,不仅为员工提供谋生的途径,更重要的是依靠科学高效的管理手段,为其提供追求个人发展的平台,打造优质的员工队伍,成就企业自身的长足发展。

马斯洛的需要层次理论认为人有五个方面的需要,分别是生理需要、安全需要、归属和爱的需要、尊重的需要、自我实现的需要。低层次的需要得到了满足才会产生高层次的需要。当代社会,许多企业利用高工资、高奖金、高福利来激励员工。因为员工工资待遇是满足员工生理和安全等缺失性需要的重要手段,也是员工个人成就和社会地位的象征,具有重要的心理意义。但工资收入对员工的激励作用,还取决于动机需要层次的高低,尤其取决于一个人的成就动机。一般而言,对于低层次工作需要和低成就动机的人,工资等物质奖励所起到的激励作用较大,他们的工作积极性是随工资待遇的增加而增强。而追求高层次需要或高成就动机的员工,则更关心的是工作岗位、工作环境能否满足自尊和受他人尊重的心理,是否能与自己的事业、理想目标一致。

优质企业在日常运作的过程中往往关注员工各个层次的需要,在保障其岗位薪酬福利的基础上,为员工营造一个和谐温暖的工作氛围,创造促进员工相互了解的机会,增进团队归属感,建立竞争与合作并存、相互信赖、相互尊重的团队关系。这种归属感对企业的发展尤为重要,是企业凝聚力的核心。企业要想方设法调动起员工最大限度的工作热情,激发员工强烈的工作欲望,使之形成强大的驱动力,促进员工进行创造性的工作,在成就员工的基础上,达成企业生产效率不断提高、竞争力随之增强的经营目标。

在分配岗位时要考虑到员工的兴趣、特长,尽量安排挑战性适中的任务,使员工通过自身努力,体验到成功的快乐,获得归属感。在日常管理工作中,重视倾听员工意见,表达对员工个体的尊重,对员工不合理的意见,不要立即拒绝,而是要讲明道理,措辞委婉。切忌对员工的颐指气使,要尽量使用真诚、恳切的口吻表达指令,对员工出色的表现要及时肯定、表扬和感谢。在和员工沟通的过程中,允许员工适当宣泄情绪,使其负面情绪得以疏解。充分体现“以人为本”的理念,强化员工的自尊。

此外,管理者要为其提供达成自我实现目标所需的资源和途径,最大限度地激励员工实现自我价值,追求最高层次的需要。企业不仅要为员工提供谋生的途径,更重要的是要为员工提供一个不断追求更加美好生活的平台。一个好的工作环境,应当同时是一个好的学习环境。例如,企业可以为员工提供接受继续教育和培训的机会,使员工能够通过不断地增强本领实现自我价值,得到行业和社会的认可。更为重要的是,良好的工作环境应当体现为一种自我培训的生态环境,这种环境是指教育培训不仅仅是依靠外部资源和外部推动,而是通过综合建设和培育,形成一种员工自我培训和自我成长的企业文化。

【课堂工作页】

1. 请描述一下您对于优质企业中“优质”二字的理解。

_____

_____

_____

_____

_____

2.阅读以下案例,思考并回答问题。

成就员工　造就优秀企业

1997年起草《华为基本法》时,起草小组的一位教授问华为创始人任正非:"人才是华为的核心竞争力吗?"任正非的回答出人意料:"人才不是华为的核心竞争力,管理人才的能力是企业的核心竞争力"。因此,《华为基本法》中有句话是这样说的:"认真、负责、有效地管理员工是华为的财富"。

人才管理能力有多重要? 我们或可从莱绅通灵这部鲜活的中国珠宝企业进化史中探知一二。

从20世纪90年代珠宝行业价格奇高时喊出"把价格降到底",并承诺假一罚十和七天退货,到2006年提出"为下一代珍藏"的概念,再到今天的"王室珠宝,王室品位",莱绅通灵CEO沈东军凭借着对珠宝行业敏锐的嗅觉,顺势而为,实现了多次升级。期间,中国上海证券交易所首家IPO的珠宝企业,与比利时百年珠宝品牌Leysen进行了战略合作。随着Leysen莱绅通灵品牌的正式落地,Leysen莱绅通灵这家比利时百年王室珠宝品牌终于得以正式步入中国消费者的视野,中国消费者也因此能真正感受到欧洲王室珠宝的历史、文化、工艺及设计。

然而,莱绅通灵的多次变革也经历了内部管理制度调整、外部销量降低和消费者对品牌形象认知不清晰等阵痛,公司股价一路下滑。阵痛期很快过去。2019年的财报显示,公司综合毛利率持续提升,较上年同期增加2.67个百分点。这一趋势在2020年得到延续。2020年一季度,国内零售业遭受史无前例的重创,莱绅通灵在失去春节、情人节两个全年最大销售高峰导致2%的门店被迫关闭的情况下,不仅没有亏损,还获得了千万级利润。

每每谈及背后的原因,莱绅通灵CEO沈东军总会把关键因素归结为企业的人才管理能力。他认为,不管公司处在顺境还是逆境,唯有管理好人,使其发挥最大的价值,才能实现人才与企业的双赢。这也是为什么在新冠疫情最严重的时刻,各行各业不得不裁员降薪来维持生计时,沈东军承诺2020年没有裁员计划,而且在4月底对企业愿景进行重大升级,升级后,"成就员工,造就世界级优秀珠宝企业"成为莱绅通灵企业核心目标之一。对于企业和员工之间的关系,沈东军一语中的:"员工是企业价值的直接创造者,企业是员工发展的舞台,只有协力合作,才能使企业快速发展、个人获得成功。"

在莱绅通灵工作长达18年的钮婧仙,入职前在别的公司只是普通文员。进入莱绅通灵后,她从营业员做起。做了一段时间后,公司发现她很有潜力,也很有爆发力,就让她到店长的位置上去锻炼。从2018年到2020年,短短两年时间,她从管理3家店到16家店再到面向全国门店的训练。她的销售目标也不断提升,从300万到9000万到1.4亿再到关联全公司的业绩,在这个过程中,她经历了很多从0到1的故事。

第一次一个人对接甲方高层谈资源,第一次谈降租降扣,第一次遇到甲方刁难,第一次遇到渠道变动,第一次做战区预算,第一次进行区域布局布点,第一次做战略规划,第一次接触训练体系,第一次部门体系重构岗位职责重组……钮婧仙说,以前从没有接触过的工作,激发了她的潜力。在一次次的挑战中,她不可避免会遭遇精神与能力的双重挑战,也有害怕和恐慌,但更多的是自我成长的成就感。

钮婧仙感受最真切的是,与此前的雇主不同,莱绅通灵强调的是员工个体的成长,需要的是员工自我的提升。每个员工要发挥自我能动性,将企业的生命线交于员工的手里,这是一个百花齐放、万紫千红又不失方圆的企业。在莱绅通灵,她不仅实现了物质上的满足,还有精神上的莫大收获。她说:"从执行者变革为经营者,我能真正体会到公司是我的,我就是公司的经营者。我从以前被动工作变成主动学习,学习中获得的财富是远远不能用金钱衡量的,这是终身受用的。"

莱绅通灵表现优异的员工还将获得优厚的回报,其中阿甘奖便是该公司在2020年4月26日愿景升级发布会首次亮相的对员工的奖励。莱绅通灵倡导阿甘精神——乐观、理想主义、守信用、坚韧。更重要的是,简单。阿甘奖的获得者,首先具备上述特质,还必须在公司做出了不平凡的业绩。

进入莱绅通灵工作15年的刘昆,成为公司首届"阿甘奖"获得者之一。自2004年11月入职以来,刘昆从CEO文字秘书做起,历经行政管理、流程管理、企业文化运营、飞轮生态部(HR)负责人、中心负责人等岗位,成为公司从基层专员逐步成长为模块负责人、部门负责人、中心负责人的"人才标杆"。一步步的成长中,刘昆经历了诸多以往从未接触到的工作,比如推动组织变革、战略解码和落地,担任飞轮生态部负责人、中心负责人,这些工作都超出她的专业范畴,很多是需要从0到1的,促使她不断思考和尝试,不断地自我挑战和突破。

请和小组成员讨论一下,莱绅通灵采取了哪些途径成就了钮婧仙、刘昆这样的一批优秀员工?

_____

_____

_____

_____

【知识链接】

打造数字化学习型组织
——利用数字模型赋能个体成长

打造数字化学习型组织,利用数字模型赋能个体成长是酒店未来人才发展的方向。目前越来越多的酒店意识到人才的重要性。在经济下行压力持续加大的情况下,24%的参调酒店愿意投入更多的培训预算,线下培训纷纷触网,数字学习成为新常态。如今酒店人才学习的途径和渠道也非常多样化,如线下公开课、企业内训、线上视频、线上线下混合学习等,促使线上视频音频课在2020年突飞猛进。其次迅速增长的是线下和线上的混合学习,而直播课成为酒店课堂的标配。因疫情影响,酒店教育短视频平台迅速发展,短视频课程需求量也远超去年。先之教育数据统计分析显示,仅2020年1—3月份在线直播课程就一次达到3万以上,其中在saas学习系统的应用上,国际、国内高端酒店的应用率高达48%,而有限服务终端酒店作为伴随着新生代互联网经济崛起的酒店品牌,在思维方式上更偏向互联网,排名第二且占比高达32%。

先之教育大数据显示,酒店人学习时间的分配主要是晚上的 8 点到 9 点,学习频次为每天 1 次、每周 1~2 次、每个季度 1 次,占比最高的是每周 1~2 次。值得我们关注的是,从酒店内部培养及社会招聘两个维度来看,2020 上半年内部培养便开始优于社会招聘。而据先之教育多次思考和求证得知,当前内部培养优于社会招聘的人才模式正在改变着酒店企业的培训方式和模式。如内训需求量增加、定制式的培训服务成为主要的培训方式。

此外,数字化分析与营销内容运营是酒店运营能力建设的关键,也成为培训的热门方向。根据先之教育的数据分析显示,客户关系管理、新媒体运营、品控管理、市场营销、危机处理也都跟酒店的需求形成了呼应。

这是一个不确定的、复杂的时代,越来越多的酒店开始探讨新型岗位。这些岗位包括了消费者行为数据观察、客户数据库管理、新零售、短视频营销、社群运营、品控师、入驻体验师等,都是年轻人非常喜欢的职位,这些都是酒店数字化转型必须依赖且绕不过去的话题。另外值得关注的是,90 后因强烈的学习愿望,更愿意为岗位培训的需求买单。在移动、互联、智能技术推动下,行业经济变革也衍生了"共享平台+企业/个人"组织形式的出现,推动了灵活用工及就业的演进,也宣告职场进入新的时代。这意味着以创造力、自驱力为主导的"无雇主"时代已经来临,传统雇佣社会将加速消失,未来越来越多的企业将角色从管控转向赋能,升级为赋能、孵化平台,为更多创新者、创业者提供机会。在"无雇主"时代,传统组织架构内的职级、部门间的上传下达障碍将被打破,扁平化、网络化的协同合作将兴起,弱化雇主概念,企业管理者的角色将从鞭策与监督中消失,转变为员工的自发与自主管理,促进个体创新价值的崛起,让员工和企业成为事业发展的共同体。

【知行合一】

企业走访:马斯洛的需要层次理论将人的需要分为生理需要、安全需要、归属和爱的需要、受尊重的需要、自我实现的需要,企业只有在满足员工需要的基础上才能充分调动员工的工作积极性,保证企业的正常运转和盈利。请以小组为单位,走访校外实习酒店,调查企业领导和员工,了解该酒店分别采取哪些措施来满足员工各个层次的需要。

需 要 类 型	采 取 的 措 施	
	领导调查结果	员工调查结果
生理需要		
安全需要		
归属和爱的需要		
尊重的需要		
自我实现的需要		

第三部分

文化涵养与职业发展

模块四　艺术素养与职业平台

第一节　音乐素养提升

　　随着教育体制的不断深入改革,国家越来越重视综合素养的培养。音乐素养作为综合素养的重要组成部分,对大学生人文精神、审美教育、身心发展都有着重要的促进作用,也给大学生的情感、想象、思维带来了无限广阔的空间。因此,在教育教学中越来越重视音乐教育,音乐教育几乎贯穿了整个学习生涯。

　　音乐教育要培养大学生对音乐的兴趣,发展大学生对音乐的感受力、鉴赏力、表现力和创造力,从而提高大学生的音乐素养。音乐理论基础知识是大学生综合能力培养的有效载体,它涵盖音乐史、音乐美学、乐理及鉴赏等知识,是进入音乐殿堂的敲门砖,也是所有音乐学习的起步,是音乐学习中必不可少的内容。扎实的音乐理论基础知识使大学生学习识谱、音调、音律、旋律等内容时更得心应手,理论基础知识的学习还使得大学生能够了解不同民族不同国家的文化,对其多元化思想的形成有较大的帮助,促进其思维的扩散与发展,并且在形成学习思维的过程中,带动其文化知识及自身思想道德理念的进步,激发大学生对音乐的兴趣。只有基础打得踏实,才能更好地去接触和创造音乐。从很多知名音乐家的成才之路来看,如贝多芬、巴赫都是认真学习理论基础知识的典型代表,且在后期经历了长时间的苦练,才拥有了后来的成就。所以只有将理论基础知识学懂学透,才能全面系统地感知、分析、处理和创作音乐,从本质上触动对音乐学习的激情,为培养音乐素养奠定基础。

　　音乐教育还需要将理论基础知识与实践相结合,使大学生对音乐的理解有质的飞跃,真正体会到音乐本身的魅力,进而提升大学生的音乐素养。音乐的表现形式分为声乐和器乐两大类。声乐是大众化艺术形式,是以人体自身为乐器,以人的嗓音为音源而唱出的音乐,即人声的音乐。它以歌曲为载体进行表达、抒解和信息的输出,使得人的精神满足,情感释放,心情舒畅。歌曲是最大众化、最具教育性和普及性的音乐艺术形式。歌曲不仅具备节奏、旋律、曲式、和声等音乐之美,还综合着语言、文学、声韵、节奏等艺术之美,以及思想、意境等诸多美学价值。大学生在正确地认识歌曲,了解歌曲背后的故事后,将丰沛的感情融入自己的歌唱中去,实现“声”与“情”的融合。通过歌唱使大学生掌握发声方法,同时也锻炼了大学生的语言表达能力和歌唱吐字能力。“情”则在此基础上更深入地表达歌曲的内容和意境,以情感表达带动歌唱的声与韵。譬如通过学习歌曲《我的祖国》,不仅感受到歌词真挚朴实,亲切生动,还能感受到歌曲的意境。该歌曲虽然不同于很多红歌那般曲风硬朗有力,但前半部曲调委婉动听,三段歌是三幅美丽的图画,引人入胜,后半部副歌仿佛山洪喷涌而一泻千里,在歌唱时能抒发志愿军战士对祖国、对家乡的无限热爱和英雄主义气概。通过这样的音乐学习,大学生在掌握了正确歌唱的同时,歌唱技能和技巧得到提升,又能使自身情感日益丰富起来,逐渐成长为具有良好音乐素养的人。

　　器乐也是音乐艺术的重要部分。器乐是相对于声乐而言的,是完全使用乐器演奏而不用人声或者人声处于附属地位的音乐。演奏的乐器包括所有种类的弦乐器、木管乐器、铜管乐器和打击乐器。器乐的学习能提高大学生的音乐能力,发展大学生对音乐的感受力、理解力、表现力和创造力。器乐学习需要眼、耳、口、手等器官协调并用,从而使大脑和手指,以及各种感觉和运动器官更加敏锐、灵活,使大学生的观察力、理解力、记忆力、想象力、操作能力等得到综合的发展。此外,大学生通过音乐鉴赏了解中外名曲,了解各种乐器的音色、音域以及音乐丰富的表现力,培养大学生学习音乐的兴趣,扩宽大学生的音乐视野,丰富大学生的音乐常识。也可以通过身边的素材,打造属于自己的乐器,加深对器乐的领悟力,如将沙子装入塑料瓶代替沙锤、用不锈钢筷子的敲击代替三角铁、用瓶子的互撞代替手鼓等。为了加强对器乐的感知力与领悟力,可以通过鉴赏器乐曲《人民军队忠于党》中的一段旋律,感受民间音乐与西洋音乐的完美结合,既具有普世的敲击乐的基本风貌,又富有鲜明的中国民族特色。再进行组建小乐队,使用自制乐器进行模仿演奏,体会各种乐器不同的音色特点和表现力,也能激发大学生学习兴趣,调动大学生学习的积极主动性,夯实大学生的音乐能力,开拓大学生的创造思维,提升音乐素养。

音乐以其本身存在的特殊属性"深入人心,打动心灵",培养大学生的审美能力,熏陶大学生的情操,开阔大学生的眼界。音乐素养的提升不是一蹴而就的,需要日积月累。我们要在实践中总结经验,学习新的知识,融入思考,拓宽创造性思维,增强音乐能力,提高音乐素养,提升个人修养、品位,树立更好的人生观、价值观。

【课堂工作页】

1. 除了文中提到的自制乐器的方法,您还能利用身边的什么物品来制作简易乐器? 请发挥一下您的想象,一一列举。

_____

_____

_____

_____

2. 您在聆听或歌唱时,有哪些歌曲使您产生共鸣? 请一一举例,并描述产生共鸣的内容。(至少三首歌曲)

歌 曲 名 称	共 鸣 内 容

3. 您最喜欢的歌曲是什么？您喜欢的原因有哪些？

_____

_____

_____

4. 请思考一下,我们可以从哪些方面或者通过哪些方式方法提高音乐素养?

_____

_____

_____

_____

5. 阅读以下案例,思考并回答问题。

中国跨越业余作曲进入专业音乐创作的第一人: 萧友梅

萧友梅(1884—1940 年),字思鹤,又字雪朋。清光绪十年出生于广东省香山县(今中山市)石岐民安街 44 号萧家大宅。父亲名煜增,是位教家馆的清末秀才。萧友梅 5 岁随父移居澳门,3 年后孙中山从香港西医书院毕业,并于 1892 年到澳门行医并开设诊所,正好与萧家为邻。两家来往甚密,萧友梅因此从小认识孙中山,最终发展为革命友谊。

1900 年,萧友梅赴广州入时敏学堂,接受新式教育。

1901 年,他自费赴日留学。在东京高等师范的附中肄业,同时在东京音乐学校选习钢琴及声乐。其后他在政法大学的高等预科进修,后考入帝国大学教育系,同时还在音乐学校学习钢琴。在日本 8 年间,他结识了不少有志于推翻昏庸腐败的清政府的革命志士。他比孙中山年轻 18 岁,以世侄的身份与孙中山建立了相当亲密的关系。成年后的他,对政治有了相当的认识。

1909 年夏,萧友梅在东京帝国大学文科毕业回国。为了掩蔽他在日本留学时曾经参加同盟会的革命活动经历,他接受了清政府学部的视学工作。辛亥革命胜利后,孙中山在南京就任临时大总统,他在总统府秘书处任职,同时担任秘书的还有易韦斋(广东鹤山人),即后来与萧友梅合作出版我国最早歌曲专辑《今乐初集》及《新歌初集》的词作者。

1912 年 10 月,在孙中山的关怀下,萧友梅得以公费赴德国留学。次年 1 月入读莱比锡音乐学院,同时还在莱比锡大学研究教育学。1916 年,莱比锡音乐学院课程修毕,他的博士论文题为《中国古乐器考》,学院授予他博士学位。

1920 年 3 月回国后,萧友梅被安排为教育部编审员,兼任高等师范学校实验小学主任。后又担任北京大学哲学系讲师兼音乐研究会导师。

1927 年,在蔡元培的支持下,萧友梅在上海创立了中国第一所音乐学院,早期由蔡元培兼任院长,萧友梅任教务主任。

抗日战争中,部分师生随国民政府迁往重庆,为了让那些不能离开上海的师生可以继续学习和教学,他和教务主任黄自留在上海。萧友梅体质较弱,多年的辛劳和贫苦,他于 1940 年 12 月 31 日因肾结核逝世于上海,终年 56 岁。

萧友梅的主要著作有 1924—1926 年编写的《风琴教科书》等多部国内最早的音乐教材以及《中西音乐的比较研究》等论著。他共创作了 100 多首歌曲,两部大合唱,以及弦乐四重奏、钢琴、大提琴独奏曲等。歌曲《问》《国耻》《五四纪念爱国歌》《南飞之雁语》等,表现了他的爱国思想和精湛的艺术造诣。他长期致力于我国的音乐教育事业,我国的著名音乐家冼星海、贺绿汀、刘雪庵都是他的高足。

从萧友梅的生平事迹里,您获得了哪些启发?

思想:

_____

_____

生活:

_____

_____

学习:

_____

_____

对音乐学习之路的启发:

_____

_____

_____

_____

_____

_____

_____

_____

_____

_____

_____

【知识链接】

古琴是中国最古老也是最纯粹的传统乐器。有着 3 000 多年悠久历史的古琴音乐,是中国音乐的重要组成部分,是中国传统音乐文化的代表。宋代陈旸在《乐书》中提到"琴者,乐之统也",这一语道出了琴在中国古代音乐中的地位。中国古琴从形制到曲目,从特殊的记谱方式到丰富的演奏技巧,都体现了中国音乐艺术的至高境界。古琴音乐具有深沉蕴藉、潇洒飘逸的风格特点和感人至深的艺术魅力,最擅长用"虚""远"来制造一种空灵的美感,追求含蓄的、内在的神韵和意境。它既有丰富的内涵,又有表面上看极简约、自由、散漫的外在形式。只有深入研究古琴音乐,才能对中国音乐的博大精深有更真切的认识。

【知行合一】

小组活动:学唱红歌《我爱你中国》,铭记历史。具体要求如下。

(1) 8 位学生组成一个小组,由组长分配各自承担的任务。

(2) 学习本首曲目,完成歌唱要求。

(3) 每组均进行展示交流。

我爱你中国

作词:翟　琮
作曲:郑秋枫

$1 = {}^{\flat}E$　$\dfrac{4}{4}$

3. 5 1 7 6 1 | 5 - - 1 2 | 3. 6 5 3 2 1 | 3 - - 5 6 6 | 6. 5 7 6 6 7 1 |
爱　你　中　国　　我爱　你　中　　国　　我爱你　春　天　蓬勃的秧
爱　你　中　国　　我爱　你　中　　国　　我爱你　碧　波　滚滚的南

2 - - 3 5 | 3 5 3 2 2 2 1 6 | 1 - - 5 | 5. 3 6 5 1 2 | 3 - - 1 | 6. 6 6 5 4 3 |
苗　我爱　你秋日金黄的硕　果　我　爱你青松气　质　我　爱你红梅品
海　我爱　你白雪飘飘的北　国　我　爱你森林无　边　我　爱你群山巍

2 - - 1 | 1. 5 7 6 6 2 3 | 4 5 6 7 6 6 7 1 | 2 - 2 1 7 6 3 | 5 - - 5 6 |
格　　我　爱　你家乡的甜　蔗好像乳汁滋润着　我　的心　窝　　我
峨　　我　爱　你淙淙的小　河荡着清波从我的　梦　中流　过　　我

3. 5 1 7 6 1 | 5 - - 1 2 | 3. 6 5 3 2 1 | 3 - - 5 6 6 | 6 - 6. 1 |
爱　你　中　国　　我爱　你　中　　国　　我要把　最　美　的
爱　你　中　国　　我爱　你　中　　国　　我要把　美　好　的

1.
4 3 2 1 6 5 6 1 | 3. 5 2. 2 3 | 1 - - (5 6 7 | 1 - 1 7 6 3 | 5 - - 5 6 |
歌儿献给你我的母　亲　　我的祖　国
青春献给你我的母　亲　　我的祖

2.
3. 5 2. 2 3 | 1 - -) 5 6 : ‖ 1 - - 3 5 | 1 - - 7 5 6 | 7 - - 4 6 | 2 - 2 1 7 6 3 |
我　国　啊　　　　　啊

5 - - 6 6 7 | 1 - 3. 6 | 4 3 2 6 2 0 5 6 1 | 2 - - 5 6 | 7 - 5 4. |
我要把　美　好　的　青春献给你　我的母　亲　　我的祖

1 - 2. 3 2 | 2 1. 1 - - ‖
国

第二节　舞蹈艺术训练

　　舞蹈艺术训练有着独特的素养教育功能,对大学生思想道德素质的形成、心理素质的提升、艺术素养的培养、创新能力的发展和身体素质的锻炼等有着非常重要的意义,对大学生综合素养的提升有着很大的促进作用。

　　舞蹈作为艺术的一种表现形式,本质上是人们内心情感通过肢体语言的流露。所以舞蹈艺术训练也是一种思想道德的教育,对于大学生思想道德素质的提高有着很大的帮助。舞蹈艺术训练是通过一种比较形象化的方式来对大学生进行的思想道德素质的教育,正如我国著名的舞蹈家吴晓邦所说:"艺术以他的感染力去培养人们良好的道德情操和高尚品质,鼓舞人们的乐观主义和进取精神。"同时,其作为素质教育的一种有效补充的手段,在德育和美育中都是举足轻重的。舞蹈艺术训练对大学生柔韧性、基础功底有一定的要求,在训练过程中需要花费大量的精力、体力来完成舞蹈动作,这需要有坚毅的品质和吃苦耐劳的精神,不怕困难,勇往直前。大学生通过舞蹈艺术训练可以促进自身高尚品格的形成,如正直、善良、诚信、友爱等品质,有助于大学生树立良好的个人形象。在学习舞蹈作品中还能深刻体会到作品的内在文化内涵,比如在练习《东方红》这个作品时可以激发大学生的爱国情感,增强民族自信心,而学习一些宣传正能量的舞蹈作品如《希望》和《最美的光》等,可学习到作品的文化价值,从而在学习作品的过程中树立积极向上的人生态度。所以,舞蹈艺术训练过程也是提升学生思想道德素质的过程。

大学生在舞蹈艺术训练过程中,其实也是乐感培养的过程。要学会听音乐的节拍和节奏,按照音乐节奏的快、慢、强、弱来调整自己的动作幅度和情绪,用心灵来感受音乐。在舞蹈艺术训练过程中,不仅可以充分挖掘音乐中的美育资源,而且可以不断激活大学生的艺术细胞,使大学生的思想、情感和智慧上升到更高的层次,提高大学生的艺术素养。

舞蹈艺术训练在激发创新思维的想象力、提高创新思维的灵活性、发展创新思维的独特性等方面具有独到的作用,统领着舞者的整个内心情感并支配其形体动作,使之全身心地投入舞蹈表演当中。因而经常进行舞蹈艺术训练,不仅能使大学生受到美的熏陶,提高审美感知能力,而且对于发展其创造性思维有重要意义。大学生通过一系列的想象、联想等形象思维活动来丰富和补充舞蹈作品中的舞蹈形象,从而使自己思维获得无限灵活性、自由性和广阔性。在发展大学生创新思维广阔性的同时,还可以发展其创新思维的灵活性。

舞蹈艺术训练对于身体素质的锻炼也是显而易见的,标准舞姿和形体训练能塑造优美形体,锻炼健康体魄,通过站立、走、蹲、手位等姿态的训练,来培养大学生内在的气质美、风度美、仪态美,以达到一举手、一投足都能展现出美的效果,完善其形象,使男生的身体姿态表现出挺拔、伟岸,女生的身体姿态表现出婀娜、挺拔。

舞蹈艺术训练具有丰富的内涵,对于大学生情感的培养有着积极的意义,可以促进大学生精神境界和思想情感提升,使得大学生能够树立正确的世界观、人生观和价值观,形成高贵的精神品质和人格风尚。

【课堂工作页】

1. 学习舞蹈能为您带来哪些好处?

身体:

_____

_____

知识:

_____

_____

情感:

_____

_____

思想：

_____

_____

品质：

_____

_____

2. 通过舞蹈学习，请写下您所感受到的舞蹈魅力。

_____

_____

_____

_____

3. 通过观赏古典舞作品，您对其中的文化内涵的理解是什么？

《扇舞丹青》

_____

_____

《秦王点兵》

_____

_____

《蝶飞花舞》

_____

_____

4. 阅读下列案例，思考并回答问题。

孔雀公主杨丽萍

云南西双版纳歌舞团挑选小舞蹈演员，13 岁的杨丽萍被幸运选中。在舞蹈团待了几年后，杨丽萍完全沉迷到了舞蹈的世界中，渐渐地成为了台里最耀眼的舞蹈演员。

9 年后，21 岁的杨丽萍因为出色的业务能力被调入中央民族歌舞团。些许是性格的原因，在其他队员都在练功房训练基本功的时候，杨丽萍却总是不出现，原来她早早就和主任打好了招呼，要自己单独训练。白天杨丽萍就在自己地下室的沙发上睡觉，睡不着的时候就自己想舞蹈动作,屋里的冰箱是她压腿的工具。等晚上练功房的人都走光了,杨丽萍就去一遍遍对着镜子完善舞蹈中的瑕疵。这样的日子一晃又过去了 6 年。

1986 年全国舞蹈比赛如约举行,得知消息后杨丽萍请求团里让她代表歌舞团表演舞蹈节目,但是团长拒绝了她的请求,理由是杨丽萍的舞蹈不符合主流的审美,团里已经选好了参赛作品。但走出团长办公室的杨丽萍却做出了一个大胆的决定:团里不支持,那我就自己报名参加。可能很多人不知道,在当时参加这类比赛节目,是需要自己拍摄好录像带,然后寄到比赛单位的。再加上舞蹈要穿的礼服,来回的经费,杨丽萍慢慢算下来大约需要花费 7 000 元。

这 7 000 元在当时对杨丽萍来说,无疑就是一笔巨款呀!深思熟虑之后,杨丽萍卖掉了心爱的手表,买回衣料和针线,亲自缝好了比赛要穿的“孔雀裙”。一切准备好之后,杨丽萍在下雨天总算赶到了举办舞蹈比赛的单位,却被告知报名已经过了截止日期。那一刻杨丽萍急得眼泪都流了下来。最后有位好心的工作人员看着于心不忍,就答应帮杨丽萍把带子递进去。就是这个善意的举动,彻底改变了杨丽萍的命运。那一年的全国舞蹈比赛,杨丽萍凭借原创的舞蹈作品《雀之灵》获得创作和表演的双料冠军。

1986 年之后,杨丽萍总算是在舞蹈界有了一定的名气。1988 年在一次舞蹈表演中,杨丽萍的舞蹈被当时的春晚导演所看中,在那一年春晚的民族舞蹈合辑中,30 岁的杨丽萍代表白族表演了舞蹈《雀之灵》。这也是杨丽萍第一次登上春晚的舞台,虽然只有短短几十秒,但杨丽萍的孔雀舞却吸引了所有人的目光。一年之后的 1989 年春晚,杨丽萍以独舞《舞之魂》再次登上春晚舞台。这一次杨丽萍在 4 分钟的表演时间里,完完全全表现了她舞蹈的魅力。

在此之前,春晚的舞台上一直都是热闹的群舞,一人独舞的杨丽萍是有史以来的第一人。此后,杨丽萍成为了家喻户晓的舞蹈家,人们称她为“孔雀公主”。在她的动作里,我们好像真的看懂了和孔雀有关的所有故事。和春晚结缘后,杨丽萍就成为了春晚舞台上最值得期待的舞蹈演员,除去 1988 年和 1989 年,杨丽萍还先后 5 次带着作品回归春晚,作品分别是 1992 年的作品《瑞雪》、1993 年的作品《两棵树》、1998 年的作品《梅》、2006 年的作品《松,竹,梅》以及 2012 年的告别之作《雀之恋》。

(1)如果您是杨丽萍,在面临团长拒绝您作为代表参加全国舞蹈比赛时,您会做出怎么样的决定?请表述您的想法并阐述理由。

_____

_____

_____

_____

_____

(2)杨丽萍的舞蹈成就不是一蹴而就的,您能从中获得哪些启发?

思想：

_____

_____

_____

生活：

_____

_____

_____

学习：

_____

_____

_____

对舞蹈学习之路的启发：

_____

_____

_____

_____

_____

_____

_____

_____

【知识链接】

中国古典舞《千手观音》

《千手观音》是由总政歌舞团的团长、中国舞蹈界"世纪之星"唯一获得者、被称为"舞界奇才"的张继钢编导，由中国残疾人艺术团的聋哑舞蹈演员演出的舞蹈。21个平均年龄21岁的聋哑演员将舞蹈《千手观音》演绎得天衣无缝、美轮美奂。舞动时，她们犹如千手观音降临人世。经过几年的锤炼，这个舞蹈节目已经成为中国残疾人艺术团"我的梦"专场演出的保留节目,在 40 余个国家的演出均引起轰动。2004 年 9 月 28 日,《千手观音》作为主打节目在雅典残奥会闭幕式的 8 分钟演出技惊世界。

【知行合一】

1. 观赏河南春晚高品质舞蹈《唐宫夜宴》,并分组进行讨论,谈谈您对这支舞蹈的观后感以及对您在舞蹈学习上的启示。

题材:

_____

_____

舞美:

_____

_____

妆容:

_____

_____

服饰:

_____

_____

舞蹈:

_____

_____

启示:

_____

_____

_____

_____

2. 近年来,我国民族舞蹈惊艳全球,除了《唐宫夜宴》,您还知道哪些让人惊叹不已的舞蹈?

_____

_____

第三节　美学欣赏

【总书记寄语】

习近平给中央美术学院老教授回信强调做好美育工作
弘扬中华美育精神 让祖国青年一代身心都健康成长

中共中央总书记、国家主席、中央军委主席习近平30日给中央美术学院8位老教授回信，向他们致以诚挚的问候，并就做好美育工作，弘扬中华美育精神提出殷切期望。

习近平在回信中指出，长期以来，你们辛勤耕耘，致力教书育人，专心艺术创作，为党和人民作出了重要贡献。耄耋之年，你们初心不改，依然心系祖国接班人培养，特别是周令钊等同志年近百岁仍然对美育工作、美术事业发展不懈追求，殷殷之情令我十分感动。我谨向你们表示诚挚的问候。

习近平强调，美术教育是美育的重要组成部分，对塑造美好心灵具有重要作用。你们提出加强美育工作，很有必要。做好美育工作，要坚持立德树人，扎根时代生活，遵循美育特点，弘扬中华美育精神，让祖国青年一代身心都健康成长。

习近平指出，值此中央美术学院百年校庆之际，希望学院坚持正确办学方向，落实党的教育方针，发扬爱国为民、崇德尚艺的优良传统，以大爱之心育莘莘学子，以大美之艺绘传世之作，努力把学院办成培养社会主义建设者和接班人的摇篮。

中央美术学院的前身——国立北京美术学校创建于1918年，是由我国著名教育家蔡元培倡导建立的中国第一所现代形态的美术专门学校。周令钊、戴泽、伍必端、詹建俊、闻立鹏、靳尚谊、邵大箴、薛永年等8位中央美术学院老教授给习近平总书记写信，表达老一代艺术家和艺术教育家对中华民族伟大复兴的坚定决心，对进一步加强美育，培养德智体美全面发展的社会主义建设者和接班人的心声。

美学欣赏对于大学生的意义非同寻常。美学欣赏需要学习美学和艺术学知识，欣赏大量经典作品、高雅艺术、优秀传统文化，积累艺术审美经验，提高艺术审美修养，陶冶情操，学习创造美的能力。只有这样，才能促使大学生更好地接受现代文明，在全球化的世界背景下拓宽知识眼界，提升综合竞争力，把学生培养成为全面发展的素质型优秀人才。

在全球化背景下，大学生的学习生活环境发生较大变化。大学生作为独立的个体，在手机、电脑等移动终端的支持下能够自主选择接收信息。海量信息带来了双重影响，一是大学生能够随时随地接受知识，知识也以图像、视频、声音等形式传播，有利于丰富大学生对于外面世界的体验，拓宽其知识眼界；二是大学生处于价值观念形成的重要时期，在信息传播、接受过程中，很容易受到不良思想的侵害，导致大学生出现不同程度上对美的认识和分辨。

十九大报告指出,要全面贯彻党的教育方针,落实立德树人根本任务,发展素质教育,推进教育公平,培养德智体美全面发展的社会主义建设者和接班人。大学生要适应建设步伐,发挥美学引导作用促进其成长。

美学是因审美传达需要而产生的。人们将其在实际生活中的感受升华为审美体验,又要通过一定的物质符号媒介将自己的体验传送出去,以引发他人的生命共振,于是就有了美学欣赏。美学的欣赏传达职能贯穿在它的整个活动过程之中,创作上的"聆听"与"言说"、作品构成上的"意蕴"与"形式"以及欣赏活动中的"表达"与"接受"等多种关系,都围绕欣赏传达的任务而展开,并以实现这一任务为目标。美学自身所具有的精神超越与社会功利的二重性能,也都统一于美学欣赏。但欣赏传达所要传送的意义并非一次完成,而是要在由创作作品向欣赏的推移中逐渐生成,且欣赏又会引发新的创作与作品,所以美学欣赏必将成为永恒的自我循环,随同人的审美需求与社会交往需求的发展而不断得到发展,从而在人的生命活动进程中发挥日益重大的作用。

美学中含有的艺术价值体现宝贵的精神文化和自然美,有利于陶冶人的心灵,即在大学生教育中培养其美学素养,有利于促使大学生修身养性。首先,通过合适的美学教育可帮助大学生形成冷静、全面观察世界的能力,有利于让大学生在复杂社会中用正确的是非判断观念判别事物,传播真善美。其次,引导大学生形成积极向上的生活态度,使大学生能够一直在追寻美的路上前进,让大学生能够在追寻中受到美的熏染,从道德精神层面得到洗礼。最后,帮助大学生建立美学意识,在意识形态领域增强判断是非对错的能力,热爱生活,善于发现生活中的细节,用心感悟美的价值。

大学生除了参加学校专门开设的艺术类课程,如体育、美术、音乐等,还可以参加有文化涵养的学术讲座、校园内丰富多样的文化活动,在专业文化学习中渗透美育教育,欣赏美,传递美学意识,用这种方式潜移默化地影响自身。大学生美学素养的提高,便于更好地欣赏社会中美好事物,在全球化背景下快速准确地找到自己定位,为大学生实现个人价值奠定良好基础,塑造自我。

美学欣赏是一个"外因"通过"内因"发挥作用的过程。大学生自身能动性的调动始终是其全面发展的关键。如果大学生具有成长为一个全面发展人才的目标,拥有良好的学习态度和基本的学习能力,那么外部环境和为其搭建的教育平台、素养教育提升体系才可能发挥重要的作用。否则,任何外在的东西都是不能发挥作用的摆设。因此,引导大学生积极主动地塑造自我是大学生人文素养教育的重要一环。

加大对大学生美学欣赏的重视程度,综合考虑大学生兴趣爱好、时代发展潮流等多种因素,促使大学生参与到美学教育中,增强学生美学综合素养,为大学生的全面发展创造更好的条件。

【课堂工作页】

1. 除了欣赏戏曲、演奏、画展外,您还知道哪些是属于美学欣赏的项目?

_____

_____

_____

　　2. 请您想想,除了在课堂上能够接触到美学欣赏外,您还能在哪些地方接触艺术、欣赏艺术之美?

　　3. 生活离不开美,美学欣赏能为您的生活添加哪些乐趣?

　　4. 小张认为只有到美术馆、大剧院等场所欣赏作品才叫美学欣赏,通过图书、电视等媒介欣赏作品只能叫观看,没有达到美学欣赏这么高的境界,您同意他的看法吗? 请发表您的意见并阐述理由。

　　您的意见:

　　理由:

【知识链接】

晚唐《宫乐图》

　　《宫乐图》描绘了后宫嫔妃十人围坐于一张巨型的方桌四周品茗,行酒令的情景。中央四人则负责吹乐助兴,所持用的乐器自右而左分别为筚篥、琵琶、古筝与笙。旁立的二名侍女中,还有一人轻敲牙板,为她们打着节拍。从每个人脸上陶醉的表情来推想,席间的乐声理应十分优美,因为连蜷卧在桌底下的小狗都未被惊扰。这类题材在唐朝相当常见,在当时的墓室壁画中也有许多实例。但这件作品没有画家的款印,原签题标为"元人宫乐图"。作为现实主义题材的作品,画家深入细致地观察生活,捕捉生活细节,目识心记,悉心体会,把自然形态上升为艺术形态进行再现。这种写实性极强的画作,留给后世的不仅是美的感受,也因为保留了各种物质文化的实物形态而具有文物价值。如画中琵琶的形式与现在日本正苍院收藏的唐代琵琶十分相似,中段装饰所绘汹涌波涛与文献上记载的中晚唐琵琶上流行"鱼龙转化"装饰的说法可以互为印证。还有弹奏者横持琵琶的拨法,也是一种古老的弹奏方法,与今天不同。而其他的几案、椅凳、器皿、服饰都可以作为这类视觉的文献资料供今天各学科的研究者使用。所以,现在画名已改成《唐人宫乐图》。

　　《唐人宫乐图》的绢底也呈现了多处破损,然而画面的色泽却依旧十分亮丽,诸如妇女脸上的胭脂、身上所着的猩红衫裙、帔子等,由于先使用胡粉打底,再赋予厚涂,因此颜料剥落的情形并不严重。至今,妇女衣裳上花纹的细腻变化仍清晰可辨,这充分印证了唐代工笔重彩艺术的高度成就。

【知识链接】

　　白毛女是起源于晋察冀边区白毛仙姑的民间传说故事中的主人公"喜儿",其因饱受旧社会的迫害而成为少白头,顾名思义被称作"白毛女"。1945 年,延安鲁迅艺术学院据此集体创作出歌剧《白毛女》。

　　《白毛女》以晋察冀边区的民间传说为主要素材,又根据当时革命斗争的现实进行了提炼和加工。主要情节是:恶霸地主黄世仁逼死了善良老实的佃户杨白劳,抢走了他的女儿喜儿并奸污了她,最后又逼得她逃进深山。喜儿怀着强烈的复仇意志顽强地活下来了,因缺少阳光与盐,全身毛发变白,被附近村民称为"白毛仙姑"。八路军解放了这里,领导农民斗倒了黄世仁,又从深山中搭救出喜儿。喜儿获得了彻底的翻身,开始了新生活。全剧通过喜儿的遭遇,深刻地表达了"旧社会把人逼成'鬼',新社会把'鬼'变成人"的主题思想,真实地反映出半殖民地半封建社会农村中贫苦农民与地主阶级的矛盾,证明了只有共产党领导的人民革命,才能砸碎封建枷锁,使喜儿以及与喜儿有着共同命运的千千万万农民得到解放。

　　1945 年 5 月,《白毛女》在延安公演,向党的第七次代表大会献礼,取得极大的成功。在此后的演出过程中,剧本又不断修改,日臻完美。由于思想上和艺术上的高度成就,《白毛女》在土改运动和解放战争中充分发挥了艺术作品的感染力,起到了巨大的宣传教育作用。

　　《白毛女》全剧共五幕。第一幕是剧情的开端,交代了剧情发生的时间(1935 年冬,抗日战争全面爆发的前夜)和地点(河北某县杨格村,被封建地主阶级掌控的农村),提供了本剧主人公生活、活动的具体环境和支配人物行动、形成人物性格的时代和社会环境。在头两场戏里,剧中的主要人物先后登场,显示了各自的鲜明性格,很快形成了尖锐的戏剧冲突,将剧情引向深入。

《白毛女》是歌剧。歌剧除了具有一般戏剧的特点(即有人物、有情节、有集中和强烈的戏剧冲突)之外,还具有自己的特点。歌剧是综合音乐、诗歌、舞蹈等艺术而以歌唱为主的一种戏剧形式。有的歌剧只有歌唱,没有独白和对话;有的则是歌唱、独白、对话三者兼而有之,《白毛女》就是如此。歌剧的特点,主要是以演员的歌唱来表现剧情、塑造人物,如第一场喜儿的几段唱词和第二场杨白劳的几段唱词就很好地起了这种作用。歌词的语言应是诗的语言,既要有节奏韵律,富有音乐性,又要深刻地表达人物的思想感情。如杨白劳躲账回家,从怀里掏出红头绳时唱:"人家的闺女有花戴,爹爹钱少不能买,扯上了二尺红头绳,给我喜儿扎起来!哎!扎起来!"这段唱词本身就是诗,押韵上口,适宜吟唱,表现出杨白劳为没有能力给女儿买花的歉疚、对女儿的深挚感情和对生活的热爱。歌剧中的独白和对话,往往是在演员歌唱之间,在音乐的伴奏之下,用吟诵的调子或插话的形式来进行的。《白毛女》剧中的独白和对话虽然在歌剧中居于次要地位,却是一种重要的辅助手段,可以贯穿许多主要情节,和音乐歌唱结合得紧密自然。

《白毛女》是创造我国民族新歌剧的奠基石。它在艺术上最突出的特点是富有浓郁的民族色彩。它以中国革命为题材,表现了中国农村复杂的斗争生活,反映了民族的风俗、习惯、性格、品德、心理、精神风貌等。同时,它继承了民间歌舞的传统,借鉴了我国古典戏曲和西洋歌剧,在秧歌剧基础上,创造了新的民族形式,为民族新歌剧的建设开辟了一条富有生命力的道路。

在音乐上,《白毛女》采取了河北、山西、陕西等地的民歌和地方戏的曲调,加以改编和创作。又借鉴了西洋歌剧注重表现人物性格的处理方法,塑造了各有特色的音乐形象。在歌剧的表演上,《白毛女》借鉴了古典戏曲的歌唱、吟诵、道白三者有机结合的传统,以此表现人物性格和内心活动,推动剧情发展。在语言上,《白毛女》的对白是提炼过的大众化口语,自然、淳朴,常使用民间谚语、俗语或歇后语,同时学习了民歌和传统戏曲中抒情写意的方式,大量使用比兴、对偶、排比、比喻等修辞手段,增强了语言的表现力。

这部抗日战争末期在中国共产党领导的解放区创作的歌剧,是一部具有深远历史影响的文艺作品。此作品后来被改编成多种艺术形式,经久不衰。中华人民共和国建立后,这一特殊时期创作的文艺作品成为中国非物质文化遗产瑰宝。

【知行合一】

※　小组活动:观赏歌剧《白毛女》。

(1)观赏歌剧后,分小组进行讨论《白毛女》带给您的艺术体验,分别从艺术形式、艺术表达来谈谈您的看法。

_____

_____

_____

_____

_____

（2）《白毛女》是抗日战争末期在中国共产党领导的解放区创作的歌剧，是一部具有深远历史影响的文艺作品。此作品后来被改编成多种艺术形式，经久不衰。像这样的文学瑰宝还有许多，您能通过哪些方式、途径可以了解到这些优秀的作品？您能为传播中华民族优秀文化作出哪些贡献？

_____

_____

_____

_____

（3）"四个自信"即中国特色社会主义道路自信、理论自信、制度自信、文化自信，由习近平总书记在庆祝中国共产党成立 95 周年大会上提出，是对党的十八大提出的中国特色社会主义"三个自信"的创造性拓展和完善。请结合所学，描述一下您对"文化自信"的理解。

_____

_____

_____

_____

第四节　妆容艺术实践

在当今社会，职业形象的重要性愈发凸显。职业形象不同于一般大众心目中的普世审美标准，而是从业者根据行业和岗位要求，通过衣着打扮、言行举止，反映个性、形象及公众面貌所树立起来的印象，呈现出符合行业期待的个人形象，引起公众对从业者专业度的心理认可，从而获得第一印象"信任"的形象。对职业形象的正确认知和自我实施作为新型职场技能，既可以使从业者获得就业的机会，也可以提升其职场竞争力。

在非语言交际环境中，即使从业者一言不发、不辞言善，通过打造自身的形象，也可以在无形中使公众对其从事的行业有一定的信赖。其中妆容在职业形象打造中发挥着举足轻重的作用，职业妆容设计是在自身原有条件的基础上，定义一个被公众接受和期望的妆容形象，被设计者通过使用丰富的化妆品和工具，正确运用色彩，采用合适的步骤和技巧，对五官及其他部位进行预想的渲染、描画、整理，以强化立体效果、调整形色、表现神采，从而达到设计的目的。职业妆容是传播职业形象的载体之一。职业形象的妆容设计，不仅仅是妆容的技术问题，也不仅仅是对美的追求与呈现问题，而是在职场中的一门形象艺术，是职业态度、职业追求的问题。

从事酒店服务工作时，客户通过员工的外表、礼仪及态度来判断酒店的形象和服务质量。

大学生在酒店服务岗位中的职业妆容也必定受到用人单位的考核与重视,其中整体形象的和谐统一是酒店职业妆容设计的最重要原则,服务人员特别是女员工一般应进行适当的化妆。服务人员在上岗之前,应当根据岗位及接待礼仪的要求进行化妆,应以淡雅为主要风格。服务人员应当明确化妆的目的和作用:扬长避短、讲究和谐、强调自然美。面容化妆要根据自己的工作性质、面容特征来化妆。要讲究得体和谐,不得浓妆艳抹。要使化妆符合审美的原则,要讲究色彩的合理搭配,色彩要和谐统一,给人以美的享受。酒店员工的妆面如果太浓艳,会使人觉得过于妩媚;如果妆面过于素雅,客人看着会觉得没有活力,酒店形象也会随之大打折扣。所以妆面需要大气端庄,让人觉得舒适自信,在客户心中留下自信、阳光、精神饱满的印象。

在进行妆面设计时,化妆品的颜色种类不宜太多,可选用浅褐色作为和谐统一的基调。粉底色要以肤色为基础进行挑选。底色稍明或稍亮的粉底色,在自然光的照射下,会显现得较为漂亮,但在荧光灯下会显得不健康。为了保证面部无油腻感,要均匀地涂抹定妆粉,能使荧光灯下的肌肤既不失透明度,又让面部更干净、清爽。在用洗面奶清洁完皮肤后,记得一定用较多量的乳液和保湿品,干性肤质最好在第一层乳液充分吸收后,再涂上第二层。油性肤质和混合性肤质,夏季要加倍保湿,使皮肤水嫩滋润。在化妆之前,除了最基本的护肤外,上妆前要先用隔离霜,再用防晒霜,才可以上妆。发黄发暗的肤质适合暖色调的粉底,皮肤比较白的适合用冷色调的,在肉眼分不出来的时候,可以将偏白色号与偏暗色号的粉底液在手上实验一下,比较接近肤色的就是适合的,并不是越白越好。建议在使用粉底液时用化妆海绵或并拢的手指大范围地边移动边拍打,这种方法可以使粉底又快又均匀地紧贴肌肤。推匀粉底的方向应从脸的中央向外呈反射形,不要用打圈圈的形式,否则将不容易打匀粉底。为了实现优雅大眼妆的年轻和温柔的效果,需要画出略粗的眼线,但不要完全填满双眼皮褶皱线,眼尾应向后拉长向上翘起,并逐渐变细。眉毛的形态在妆容印象中也是十分关键的,因为眉毛可以使人的面部表情发生变化,眉过细或过于高挑,都给人不可信的感觉,稍粗重些的眉毛会使人看上去精明能干。如果眉毛过挑,要先把眉峰最高点的眉尖修掉,然后眉头处描绘眉毛上沿,眉中和眉尾描画眉毛下沿,这样可以让人显得更加优雅。如果原本的眉毛过于浓密且黑,太粗的平眉会显突兀,可画得略细,并用棕色染眉膏给眉毛染色。也可以在染发时把染膏涂在眉毛上,与发色同色,这样会显得更整体。使用腮红刷将腮红扫在脸颊,然后再将粉饼扫在腮红上下边缘,让腮红更像从皮肤自然泛出的效果,让整个人都显得温柔而年轻。使用润唇膏先打底,然后用较为滋润的遮瑕或粉底来盖住原本的唇色,嘴唇用橙红或偏红的褐色口红为宜。最后使用定妆粉进行定妆,定妆粉不宜过多。眼部佩戴眼镜时要尽量化得柔和淡雅,眼线用笔轻触。眼影要用较淡的色彩,以避免线条触月。涂睫毛后一定要梳理干净,如果睫毛上留有小点或结块,被镜片放大后会很不美观。眉毛要细心修拔,并且保持整齐。由于脸颊的颜色会在镜片的作用下发生变化,因此涂腮红时要把眼镜先摘下来,涂好后仔细检查看是否恰如其分,色彩的感觉是否准确协调。

酒店是一个劳动强度较大的工作环境,在酒店工作连续 8 小时以上,期间的休息时间也是比较短暂的。在高强度的工作之余,还应当重视自己的肤色肤质,没有良好的面部气色,妆容是达不到预期效果的,必须依靠各类化妆手法、护肤等常识,进行自我保养休整。

酒店员工要想在职场里发挥自己最佳状态及精神面貌,就必须使其妆容设计合理协调,并且能在相应的工作场合里调整自己的面容色彩,紧跟市场,顺应潮流,酒店服务质量也就能不断提升。

【课堂工作页】

1. 假如您去应聘酒店前台服务员的工作，您将如何进行化妆以给用人单位留下良好的形象，为自己的面试加分？

底妆：

_____

_____

眉毛：

_____

_____

眼睛：

_____

_____

鼻子：

_____

_____

嘴巴：

_____

_____

脸颊：

_____

_____

2. 针对不同的脸型、五官、肤色，您会使用怎样的化妆技巧扬长避短？

圆脸：

_____

方脸：

_____

长脸：

_____

黄皮肤：

_____

粉白皮：

_____

肤色较深：

_____

单眼皮：

_____

双眼皮：

_____

薄唇：

_____

厚唇：

_____

3. 除了在课堂学习妆容设计外，您还可以通过哪些途径提高自己的妆容技术？

_____

_____

_____

_____

【知识链接】

酒店客房部员工仪容规范

员工的仪表仪容是构成酒店良好形象的重要因素，是形成顾客良好印象的关键。因此，每一位员工都应时刻规范注重自己的仪表仪容，并以此而自豪。

（一）男员工仪容规范

1. 制服

（1）上岗必须穿酒店规定之制服。不可有破洞、折皱。着装前先用衣刷刷去制服上的灰尘、头皮屑等。

（2）随时保持整洁、挺括、纽扣完整，并随时扣好。

（3）制服的衣、裤口袋不可装多余东西，笔、笔记本、名片、手帕可装于衣服侧口袋，以保证制服外型美观。

（4）着西装时，笔不可放在上衣口袋。工作时间西装纽扣必须扣好，单排扣西装只扣上面纽扣，下面一颗仅作为装饰。

（5）坐下时，西装上衣扣要解开，待站起时再扣上。平时在无客人的办公室可将西装上衣脱下挂在衣柜里，出门则应穿好，扣上。

（6）衬衣外应直接着西装，不可在衬衣外加毛衫。

（7）裤子的长短合适，以裤脚接触脚背为宜。

（8）保持裤子整洁挺括，裤缝线条清晰。

（9）皮带的颜色与鞋的颜色相配为最好，皮带系好后以剩下 12 cm 的皮带为宜，宽度以 2.5 cm—3 cm 为宜。

2. 衬衣

（1）制服衬衣一律规定为无纹纯白衬衣。

（2）衬衣须随时保持洁白、平整，特别是袖口、领口，要求至少每两天更换一次衬衣。

（3）衬衣的衣扣、袖扣、领扣须随时扣好，口袋不放东西。

（4）衬衣的袖口长出外套 2 cm 左右，领口长出外套部分须与袖口一致，以体现制服层次感。

（5）衬衣下摆应扎入裤腰里边。袖子切不可捋起。

（6）衬衣里面一般不着棉毛衫，因寒冷需穿时，不可将领圈、袖头露在外面，里面的棉毛衫须为白色。

3. 鞋袜

（1）一线员工要求穿黑色皮鞋，部分岗位因现场情况要求穿黑色布鞋。

（2）穿黑色皮鞋时，要特别注意鞋跟磨偏、发出声响的皮鞋不可穿于岗位上。鞋带要系好，不可松松垮垮，随时保持皮鞋整洁光亮。

（3）穿其他岗位要求的工作鞋时，必须干净、大小合适、无破洞。

（4）袜子起到衔接裤子与鞋的作用，颜色以深色为宜。袜子须每日更换，无臭味发出。

（5）男员工应穿中筒袜子，以防在抬脚时露出皮肤。

4. 领带、领结

（1）系酒店各岗位指定之领带、领结。

（2）领带结须系到领口的中心部位，大箭头盖在小箭头上，以领带末端及皮带扣之长度为宜。

（3）若使用领带夹，宜将领带夹于衬衫的第 4~5 颗纽扣之间。

（4）领结须系在衬衣领口的正中位置。

5. 面部

（1）随时保持面部清洁，坚持每日剃须，不留胡须，鬓角；注意将长出鼻孔的鼻毛剪去。

（2）严忌男员工化妆，或使用香味过浓的须后水、香水、护肤品等。

（3）夏季休假外出时，若暴晒过度，将使面部肤色过黑，会与工作环境不协调，应采取防晒措施。

6. 头发

（1）男员工头发要常修剪，头发长度以保持不盖耳部和不触衣领为适度。

（2）头发要勤洗，每三天必须洗一次头；上班前要梳理整齐可上少量发油，以适度定型及防头屑落下。

（3）不可吹烫怪异发型，严禁彩色染发。

（4）不可使用香味过重的洗护发用品或发油。

7. 个人卫生

（1）随时保持双手清洁，坚持勤洗手，勤剪指甲，指甲边缝不得藏污纳垢；不可在手上涂写。

（2）保持口腔卫生，坚持早晚刷牙，饭后漱口，注意防止口臭。

（3）不可有烟味发出，因吸烟牙齿变黑、手指熏黄会令客人反感，应注意洁齿、洁指。

（4）上班前不吃带异味的食品及饮用含酒精的饮料。

（5）勤洗澡、勤换衣物，防止汗臭或任何体臭。

8. 饰物

（1）岗位上不佩戴非工作需要的个人装饰物。

（2）装饰性强的手表不可佩戴于岗位上，手上只能戴订婚或结婚戒指，戴项链时不可外露。

（3）员工遇红白喜事、特别法事、个人信仰崇拜等，不可将饰物、标记、吉物等佩戴于工作场合。

（二）女员工仪容规范

1. 制服

（1）随时保持制服的清洁挺括，特别注意领口、袖口、襟边等处的清洁。

（2）制服上不可出现破洞、纽扣失落和明显的褶皱。

（3）保持制服线条美观、合身，衣袋不可放置东西。

（4）在穿用前，须用衣刷刷去尘土、头屑，下班后挂于衣柜。

（5）天冷时不可在西装里或衬衣里多加毛衣。若加棉毛衫，应穿于衬衣里，领圈、袖头不外露。

（6）员工卡属制服之一部分，着制服时，必须将员工卡端戴于左上装口袋处。

2. 领带、飘带

（1）着制服必须系酒店指定之领带或飘带，且第一颗衬衣纽扣必须扣上。

（2）系领带的长度以箭头盖于腰带扣为宜。

（3）按岗位统一规定的系法系飘带。

3. 衬衣

（1）酒店员工制服衬衣一律规定为无纹纯白衬衣。

（2）衬衣随时保持清洁、平整；特别要注意领口、袖口、飘带处的清洁。

（3）衬衣上的袖扣、衣扣要随时完好、扣齐，不可捋起袖子。

（4）衬衣下摆须塞入裙、裤腰。

4. 裙子

（1）裙子的大小、长短都是酒店统一规定并量裁的，员工不可擅自改动。穿着过程中有腰围、臀围出现不合，应到制服房更换。

（2）随时保持裙子的干净、挺括，无明显的褶皱。

（3）上岗前，先检查穿着是否合要求，特别是裙后腰部的拉链、纽扣必须随时拉扣好；衬衣下摆不可掉出裙腰外，同事之间也应相互提醒。

5. 鞋袜

（1）穿裙子必须穿长筒丝袜。

（2）丝袜是女士的"第二层皮肤"，因此应随时紧贴皮肤，无任何破洞或跳丝。为防万一，衣柜里应随时存放备用丝袜。

（3）丝袜的颜色以接近肤色为宜。

（4）丝袜长度须穿至大腿二分之一处以上，以防袜颈与裙摆间脱开一段，或坐下时袜颈外露。

（5）穿酒店统一规定、配发的皮鞋、布鞋上岗，皮鞋保持光亮，布鞋干净、无破洞。

（6）皮鞋以中跟黑色为宜，须避免因鞋底破损发出声响。

6. 头发

（1）女员工不可留辫子、扎马尾，头发长度以不过肩部为适度，前不盖眼。留长发的女员工，工作中应将长发卷至上述长度。

（2）勤洗发，以每三天至少洗一次发为宜。上班前须梳理整齐。为防头皮屑脱落，可上少量发油。

（3）严禁彩色染发或吹烫怪异发型，头发以整洁、自然为美。

7. 制服

（1）勤洗澡，勤换衣物，不可有汗臭或任何体臭。

（2）随时保持双手清洁，坚持勤洗手、勤剪指甲、不留指甲。指甲边缘不得藏污纳垢，不可在手上涂写。

（3）不涂有色指甲油。餐厅员工一律不得染指甲。

8. 化妆

（1）化妆以淡雅为原则，不可浓妆艳抹。

（2）淡妆的粉底不可打得太厚，且均匀、接近肤色。

（3）眼影以不易被明显察觉为宜，眼线勿色彩太重，眼眉描画自然。

（4）涂胭脂以较淡和弥补脸型不足为基准。

（5）唇膏颜色要统一，且使用时要以本人基本唇型为主，不可追求夸张效果，切忌化舞台妆。

（6）淡妆应使人感到自然，衬托出面部最美部分、掩饰不足，不留下明显的化妆痕迹。

（7）化妆效果须与工作现场的灯光、色彩、环境气氛相适宜。

（8）不使用香味过浓的香水、化妆品。

9. 饰物

（1）岗位上不佩戴非工作需要的个人饰物。

（2）装饰性强的手表不可佩戴于岗位上，手上只能戴订婚或结婚戒指，戴项链时不可外露。

（3）员工遇红白喜事、特别法事、个人信仰崇拜等，不可将饰物、标记、吉物等佩戴于工作场合。

【知行合一】

小组实践：两人一组，分别为对方进行酒店餐厅服务员的妆容设计。具体要求如下。

（1）妆容设计符合酒店餐厅服务员岗位要求。

（2）妆面自然端庄。

（3）完成妆面设计后，每组均进行妆面展示。

（4）评选出您心中最适宜妆容，并谈谈对这个妆容的优点具体体现在哪些方面。

【学长心得】

我的面试小心机

17级酒店管理专业　陆　叶

在寻找实习工作时,我向多家连锁酒店投出了简历。作为即将毕业的学生,我在工作经验上没有优势,所以在面试前我向一些学长学姐讨要了宝贵的经验。

学长学姐们都认为在面试时给面试官留下的第一印象至关重要。据说面试官从见你第一面起30秒内心里就有了决定,而服装和面试时的妆容却很容易被人忽略。所以,服装与妆容的搭配其实是非常关键的要素之一,面试不同职位选择不同妆容也非常重要。我谨记他们的指导,到实地去做了调查,记下每个酒店前台服务员的妆容特点和服饰搭配。回到家后,利用网络查找适合各家酒店的服装,尽量向她们的服饰搭配靠拢。又在网上学习了很多化妆的技巧,如化妆品的颜色种类不宜太多,选用浅褐色作为和谐统一的基调,特别强调眼睛与眉毛的修饰,眼睛要亮而有神,眼线一定得干净利落,眉毛可以有一定的棱角,凸显出自己的干练。嘴唇用橙红或偏红的褐色为宜,定妆粉不宜过多。眼部佩戴眼镜时要尽量化得柔和淡雅,眼线用笔轻触。眼影要用较淡的色彩,以避免线条触目。涂睫毛后一定要梳理干净,如果睫毛上留有小点或结块,被镜片放大后会很不美观。眉毛要细心修拔,并且保持整齐。由于脸颊的颜色会在镜片的作用下发生变化,因此涂腮红时要把眼镜先摘下来,涂好后仔细检查看是否恰如其分,色彩的感觉是否准确协调。找到适合自己的化妆品,我在家里反复地练习,让同学、家长对我化的妆面进行点评,不断地改善,找到适合自己的面试妆容。

这为我在面试时增加了不少信心,当我推开门走到面试官面前时,看到面试官多看了我几秒后,我对自己能够面试成功又增添了几分自信。当面试结果出来时,我更是洋洋得意,有5家连锁酒店都向我抛出了橄榄枝,最终我选择了一家我最心仪的酒店入职。就在前两天我已经通过试用期,正式成为一名酒店人。

我希望我的小心机也能成为其他人的指路明灯,能帮助更多在求职路上迷茫的社会新人。

【我的感悟】

_____

_____

_____

_____

_____

_____

_____

模块五　表达能力与职场自信

第一节　朗读能力提升

朗读是将无声文章转化为有声语言的过程,是帮助大学生培养和发展语感,提高理解能力和写作能力的重要途径。朗读是用带有感染力的声音把文字用另一种方式表达出来,借助"读"的方式追求艺术之美、情感之美,是符合语言认知规律的。朗读能够起到深化理解的作用,帮助大学生在多读、善读的境界下体悟语音的精妙所在。朗读不但可以使大学生强化文章美感体会,而且可以让大学生的语言表达能力得到训练。进行朗读练习可以实现语言表达能力的有效培养,让大学生在喉咙、口腔、牙齿、舌头等部位的协调正确发音更具有科学性,同时使大学生心理素质得到强化。

在进行朗读时,以文本中的标点符号为重要依据,同时关注朗读时的语感,并根据语感做自然而然的停顿,由此避免读破词、读破句的问题出现,继而掌握停顿技巧。在此过程中,大学生会意识到停顿也是朗读时情感的一种宣泄手段,在停顿中同样可以较好地表现思想感情。

在朗读过程中,节奏是思想感情以轻重缓急和波澜起伏的形式彰显出来的。一般来说,节奏可以被划分为以下几种类型:其一是轻快节奏。该类型文章在朗读时较少顿挫、少抑多扬、语速较快,常能表现出积极的思想情感。其二是低缓节奏。在形式上声音偏暗,语调沉缓。其三是舒缓节奏。这种类型在声音上有跌宕起伏,但以轻松明朗为主。其四是高亢节奏。这种类型的文章读起来奇峰迭起、势不可挡,情感上或昂扬向上,或极尽充沛之能。

语调,是指朗读过程中语音所呈现出的升降高低变化。语调有升、降、平、曲不同的类型,而不同类型语调表达的情感也不尽相同。对于不同的文本作品而言,应当在语调上做出不同的调整,这样在朗读时借助不同语调对文本思想感情进行表达。

在朗读过程中,如果具有抑扬顿挫的特点,则朗读的魅力会无形中增加。要想达到这种效果,重音的使用便成为不可或缺的一个环节。重音指的是语言表达过程中出于突出语言目标及思想情感考虑而着重读出的词汇或者词组。为了读好重音,需要明确认识语法规律,掌握主、谓、定、状的应用规律,并且按照自身对于文本的基本理解,实现差异化的重读。此类感情重音通常出现在较具抒情性的文章中,需要注意到其对于夸张、反复、排比等修辞手法的应用,利用饱满的情绪,使自身朗读同文章意味协调统一起来。

一个好的朗读,能够使人的心情愉悦,也能够陶冶人的情操,在朗读的过程中还会有一种满足感。因此需要多去朗读,大声地朗读。可以精选一些朗朗上口且富有意蕴的美文,进行个人展示朗读。也可以采用男女生对读、分小组赛读的方式进行,以此来激发朗读兴趣。此外,可以借助配乐朗读或者是播放朗读录音来陶冶情操。也可以根据文章的内容分角色进行朗读,加深情感体验,带动大学生积极主动参与的热情和情趣。朗读兴趣激发出来了,朗读成效也会更加完美。

大学生的朗读兴趣逐渐养成后,有意识地多去朗读一些古代诗词或者是一些浅显易懂的文言文、经典的名篇和短小精悍的诗文、英语经典诗歌等,也是大学生文化素养的积淀,可以为提高文化品位奠定基础。在具体朗读过程中,大学生的想象力会得到释放,借助朗读可以使想象力得到潜移默化的培养。因为不同大学生在知识构成与文学修养方面存在差异,因此其想象出来的画面也会存在一定的差异性。无论如何,随着朗读的持续进行,大学生对于文本的理解必然是逐步加深的,而这种加深的理解、强化的想象力能够帮助大学生进一步领会文章意蕴。

　　总体说来,朗读能够帮助大学生提升对于文本的理解程度,声情并茂地朗读、语言流畅地表达,从而体会到情感之美、意境之美,产生内心与情感上的真正共鸣,只有这样,朗读能力也才能逐渐得以提升。

【课堂工作页】

　　1. 请谈谈最让您印象深刻的一个朗读作品。

_____

_____

_____

_____

_____

　　2. 请为现代诗人艾青的作品《我爱这土地》标注语调高低变化,分别用 ↑、↓ 符号表示升、降。

我 爱 这 土 地

艾　青

假如我是一只鸟,
我也应该用嘶哑的喉咙歌唱:
这被暴风雨所打击着的土地,
这永远汹涌着我们的悲愤的河流,
这无止息地吹刮着的激怒的风,
和那来自林间的无比温柔的黎明……
然后我死了,
连羽毛也腐烂在土地里面。
为什么我的眼里常含泪水?
因为我对这土地爱得深沉……

　　3. 通过朗读,您的收获是什么?

_____

_____

_____

【知识链接】

　　节目《朗读者》邀请各个领域具有影响力的嘉宾来到现场,分享自己的人生故事并演绎来自朗读者文学顾问团的文学家、出版人、专家、学者精心挑选的经典美文,使节目呈现出生命之美、文学之美和情感之美。

　　《朗读者第一季》以"访谈+朗读+轻解析"为模式,嘉宾围绕当期的主题词分享人生故事,通过朗读一篇散文、一首诗或者一封家信,甚至一段电影剧本,把观众带入情景之中。

　　《朗读者第二季》的嘉宾开合度更大,除了科学家、企业家、文化艺术大家,还会展示更多元领域,有丰富性、稀缺性和代表性的人物;《朗读者第二季》话题的开合度除了延续每期一个主题词,也会有全社会关注的话题,如环境保护、器官捐献等;《朗读者第二季》突破舞美定式,尝试和动物保护专家的跨时空朗读等形式。

　　《朗读者第三季》同时打造了《一平方米》和《一万公里》两个新的节目样态:"一平方米"是指朗读亭直播活动,"一万公里"则是节目组将走出演播室,走向更广袤大地,去聆听远方谁在朗读。《一平方米》是《朗读者第三季》"一大两小"内容布局思路下的衍生节目之一,节目以讲述《朗读者》"一平方米朗读亭"72小时慢直播故事的形式展开,对走进朗读亭的每位"朗读者"共同创造的内容和故事剪辑编排,赋予朗读内容更强的感染力。《朗读者第三季》借助新媒体升级、主题升级等,从"一个人,一段文"转换为"读天地人心",从单向传播转换为双向互动,让普通人的生活成为可供观照的读本,让人人皆可成为朗读者。除了新媒体升级外,节目在主题选择上将更加具有社会性、共情性。节目将话语权分发给每一位普通观众,让小小的一平方米朗读亭成为交流经验的场所,让人畅所欲言地表达自己,发出独一无二的声音。节目将视线更多地投向生活中的普通人和日常生活,聚焦于社会话题,以及真实的车水马龙和城市日夜。通过朗读与大众的生活相连接,让观众能够在观看节目的过程中产生共情和共鸣。

【知行合一】

　　小组活动:朗读红色经典,感受历史伟业。具体要求如下。

（1）自行选定朗读表现形式,可以采取单人朗读、男女对读、小组共读等形式。

（2）为此朗读作品寻找合适的配乐进行朗读。

（3）录制朗读视频。

（4）进行展示交流并谈谈自己在朗读此作品时内心的感受。

长　征

信念越来越高,苦难矮了下去,
铿锵的脚步让几万座大山集体醒来。
阳光的金子在一张张跋涉的影子上闪烁,
军装的苍翠蕴含生生不息的力量,
那深深的脚窝是革命的花朵。
二万五千里不仅仅是一条路,
是一把锋利的刀斩断了敌人的阴谋诡计;
二万五千里甩掉了悲痛与绝望,

走出了坚强,勇敢,乐观,

点燃了九百六十万平方公里的光明。

此刻,我多想到红军走过的路上再走一次。

看看那里的蓝天、白云、雪山,

抚摸那些哺育了饥饿的草根。

我想坐在那崇山峻岭之中,

坐在艰难岁月一条微微疼痛的伤口上,

化作一滴血珠儿,

不! 化作一朵灿烂的花!

我想拂掉历史的尘土,摸摸那条路,

像抚摸一串记忆的珍珠儿,一行热泪……

马丁·路德金在美国黑人受种族歧视和迫害由来已久的背景下,为了推动美国国内黑人争取民权的斗争进一步发展而进行了一场演说,请朗读并细细品味他的文字渲染力和情感共情力。

《I have a dream》节选

I have a dream that one day this nation will rise up and live out the true meaning of its creed: "We hold these truths to be self-evident, that all men are created equal."

I have a dream that one day on the red hills of Georgia, the sons of former slaves and the sons of former slave owners will be able to sit down together at the table of brotherhood.

I have a dream that one day even the state of Mississippi, a state sweltering with the heat of injustice, sweltering with the heat of oppression, will be transformed into an oasis of freedom and justice.

I have a dream that my four little children will one day live in a nation where they will not be judged by the color of their skin but by the content of their character.

I have a dream today!

I have a dream that one day, down in Alabama, with its vicious racists, with its governor having his lips dripping with the words of "interposition" and "nullification" — one day right there in Alabama little black boys and black girls will be able to join hands with little white boys and white girls as sisters and brothers.

I have a dream today!

I have a dream that one day every valley shall be exalted, and every hill and mountain shall be made low, the rough places will be made plain, and the crooked places will be made straight; "and the glory of the Lord shall be revealed and all flesh shall see it together."

This is our hope, and this is the faith that I go back to the South with.

第二节   朗诵能力提升

人才培养不仅要重视学生专业技能的培养,更应该注重学生整体素质的发展。朗诵能力培养能极大的影响和促进其他能力的培养,是对整体能力的提升。大学生朗诵能力培养之于大学生,在语文能力、身心和谐、人文素质、创造性品质等方面有突出的意义和作用。

朗诵是一门综合的有声语言艺术,"自从有了诗,也就有了朗诵。"古人认为,诗是诵的,能诵的语言才是诗。从先秦的诵诗以明志,到魏晋南北朝的朗诵理论探讨,到唐代的朗诵盛行,再到30年代把朗诵变成抗日宣传、激发斗志的战斗武器,这无一不体现朗诵的渊源及其强大功能。20世纪80年代以来,朗诵蓬勃发展,主要体现在:研究专著不断增多,群众性朗诵社团纷纷建立,朗诵音像制品大量发行,朗诵娱乐网站不断涌现,1998年的"中华古诗文经典诵读工程"的启动,还有各种电视朗诵会等,朗诵的育人功能、交际功能、娱乐功能被强化,也成为文化传承、情操陶冶、素质拓展、学科教学的重要方法和手段。朗诵和朗读中"朗"是一样的,"诵"和"读"不同。诵,从字面上理解,显然有"唱"的意思,比起"读"来有明显的节奏感和音乐感,这就是朗诵的本质。"朗诵"相比"朗读"是更高层次的朗读,是一种语言表达的艺术表现形式,要求对文章进行艺术处理,通过朗诵者借助语速、轻重、停顿等表达技巧,将朗诵材料转换为一种艺术表演,因此具有表演的成分。它唤起的是听众的情感共鸣,追求的是使听众听之入耳、听之入心、听之动情的艺术感染力。

深入了解作品创作的背景、准确地把握作品主题思想和情感的基调,是朗诵的重要前提和基础。朗诵者要唤起听众的感情,使听众与自己同喜、同悲、同呼吸,必须仔细体会作品,进入角色,进入意境。在理解感受作品的同时,伴随着丰富的想象,使作品的内容在自己的心中、眼前活动起来,犹如亲眼看到、亲身经历一样。正所谓"心里有,口里才会有",通过深入地理解和仔细地揣度,真挚地感受和丰富地想象,使自己动情,从而打动听众。

在朗诵时加入合适的态势语,通过体态、手势、表情、眼神等非语言因素作为传达信息的一种言语辅助形式。在使用有声语言表达思想感情的时候,常常会有词不尽意或意在言外,这时就会很自然地借助态势语言来补充或替代有声语言不能表达或不必表达的信息,如讥讽、悲伤、喜出望外、坚定等情绪的表达。态势语还可以起到强化语言信息、调节控制现场气氛的作用。

朗诵发声与人的精神状态和感觉密切相关,只有最佳的精神状态才能产生最佳的声音效果,这一点和歌唱要求类似。大学生朗诵最初发声一般较紧、较窄,圆润动听度差,主要原因是没有共鸣。针对这个问题,训练时需要大学生站正,面部表情自然,提笑肌(微笑状)或作打呵欠状,反复去声练习单字发音:啊、嗬、哦;反复快吸慢呼发声练习词语"辽—阔—的—大—草—原""妙—手—回—春"以帮助学生感受口腔、胸腔和腹腔的共鸣。

朗诵多数选择站姿。前面提到的站正,就是要求学生正确地站立。正确的站立姿势是双脚分开与肩同宽,抬头,挺胸,收腹,两肩自然下垂,头摆正眼睛炯炯有神地看向正前方的远处,身体的各部位松紧有度,自然站立。这种姿势优美大方,可以自如地移动身体重心及活动上肢,更利于口腔、腹腔共鸣的产生。

朗诵常用的基本表现手法有:停顿、重音、语速、句调。停顿是指语句或词语之间声音上的间歇,可分为标点符号停顿、语法停顿和感情停顿;重音是指朗诵、说话时句子里某些词语念得比较重的现象,一般用增加声音的强度来体现。重音有语法重音和强调重音两种;语速是指说话或朗诵时每个音节的长短及音节之间连接的紧松;句调指语句的高低升降,可分为四种:升调、降调、平调、曲调。通过分析朗诵作品,在正确表达作品内涵的前提下合理使用停顿、重音、语速、句调,更生动传神地诠释作品,反复练习以形成动力定型来完成这方面的训练。如《我骄傲,我是中国人》是一首歌颂伟大中华的抒情诗,采用热情、高

六、激昂的情感基调就很合适。全文情感基调的把握关乎整篇文章内涵的传递,是朗诵的重要前提和基础。

在大学生的朗诵训练中,还应注重声、乐合一和声、画合一。如今的朗诵,不管是表演还是比赛,为了增强可看性都要求配背景音乐和 PPT 画面。关于配乐,找一段合适的乐曲作为朗读文章时的背景音乐不是难事,难点在于人声与乐声的融合。学生出现的问题要么是人声等音乐,要么是人声与乐声的情感表达不相容。训练时,要求学生学会"一心二用",一方面用心感受音乐传递的情感,另一面用声传递对文章的理解,心的感受和声的传递频率一致、交融,以期达到声、乐合一。如学生朗诵《我的祖国》,选用的配乐是《红旗颂》,人声在主旋律起的时候随之而入,接着人声随音乐时而热情奔放,时而柔声轻述。例如学生朗诵《英雄》时,选用的配乐是《神思曲》,人声的加入在音乐的第二小节开始,人声的娓娓道来与略带忧伤、冥想、宏达的音乐交织,都能使朗诵锦上添花。

总之,朗诵能力的提高是对大学生综合素质培养的拓展和补充,是对阅读能力、口语表达能力、人文素质的扩充培养。充分认识朗诵能力对于大学生的重要性,是重视人才培养、重视大学生全面发展的最好体现。

【课堂工作页】

1. 请结合所学,阐述朗读和朗诵的区别。

含义上:

_____

_____

适用范围上:

_____

_____

效果上:

_____

_____

2. 请您思考,如何将徐志摩《再别康桥》中的留恋之情呈现。

再 别 康 桥

轻轻的我走了,
    正如我轻轻的来;
我轻轻的招手,
    作别西天的云彩。
那河畔的金柳,
    是夕阳中的新娘;
波光里的艳影,

在我的心头荡漾。
软泥上的青荇，
油油的在水底招摇；
在康河的柔波里，
我甘心做一条水草！
那榆荫下的一潭，
不是清泉，是天上虹；
揉碎在浮藻间，
沉淀着彩虹似的梦。
寻梦？撑一支长篙，
向青草更青处漫溯；
满载一船星辉，
在星辉斑斓里放歌。
但我不能放歌，
悄悄是别离的笙箫；
夏虫也为我沉默，
沉默是今晚的康桥！
悄悄的我走了，
正如我悄悄的来；
我挥一挥衣袖，
不带走一片云彩。

语调：

_____

_____

态势语：

_____

_____

配乐：

_____

_____

服饰：

_____

_____

其他:

_____

_____

3. 在平时的学习过程中,我们多以中文作品朗诵练习居多,通过对中文作品的朗诵,您能从中感悟到英文作品朗诵与之存在哪些不同之处?

发音位置:

_____

_____

押韵位置:

_____

_____

4. 您朗诵过的许多作品中最让您印象深刻的是哪部作品?并阐述它的与众不同之处。

_____

_____

_____

_____

5. 通过朗诵练习,谈谈给您的生活带来了哪些改变?如更加自信等。

_____

_____

_____

_____

【知识链接】

朗诵一词的出处与详解

(1) 宋·陆游《浮生》诗:"横陈粝饭侧,朗诵短檠前。"

(2)《京本通俗小说·错斩崔宁》:"那同年偶翻桌上书帖,看见了这封家书,写得好笑,故意朗诵起来。"

(3)《醒世恒言·乔太守乱点鸳鸯谱》:"乔太守写毕,叫押司当堂朗诵与众人听了。"

(4) 明·冯梦龙《东周列国志》第七十五回:"阖闾令伍员从头朗诵一遍,每终一篇,赞不容已。"

（5）明·罗贯中《三国演义》第三十一回《曹操仓亭破本初　玄德荆州依刘表》："玄德曰：'汝托名汉相，实为国贼！吾乃汉室宗亲，奉天子密诏，来讨反贼！'遂于马上朗诵衣带诏。"

（6）清·焦循《忆书》一："朕一日万几，尚不忘，乃自首腍诵至末。"

（7）巴金《再黎》："有两位法国同学分别用中国话和法国话朗诵了我的文章。"

【知行合一】

小组活动：诗歌朗诵《永远跟党走》。具体要求如下。

（1）8人一组，分配诗句。

（2）为此朗诵作品寻找合适的配乐进行朗诵。

（3）自行搭配服饰、朗诵态势语并录制视频。

（4）进行展示交流并谈谈自己在朗诵此作品时的内心感受。

永 远 跟 党 走

你，从嘉兴南湖的红船上走来
风采卓越，风雨如磐
你，打响了"八一"南昌起义的第一枪
向世界宣告了英雄气概
你在生死攸关的时刻，力挽狂澜
遵义会议上作出英明决策
你用陕北延安的自力更生
哺育了黄河长江
我，以一个普通百姓的脉搏
感受着你的呼吸，你的心跳
我情不自禁地喊出：
党啊，亲爱的党，永远跟党走、不回头
我赞美中国共产党
是因为
它如黑夜里的明灯
照亮我们前进的方向
我歌颂中国共产党
是因为
它如一条航船
引领我们走上复兴康庄
雄关漫道东方立
四海和平万家起
中国共产党是舵手
是永远不落的太阳
党啊，长征路上

你爬雪山,过草地

不畏艰难,寻找着星光

在奔向小康的途中

你荡涤着尘埃,睿意进取

同心同德,引领明亮

你把"中国梦"的宏伟蓝图描绘

灌溉着中华的沃土

你用磅礴的智慧和动力

推出了"经济共同体"的主张

当我站在辽阔的边塞

我体会到了你的温暖

当我脚踏浩瀚的太空

我感受到了你的璀璨

当我沉浸在祖国大好山河的秀美中

心中升腾起袅袅炊烟

当我看到阅兵式上整齐的步伐

心中涌出无限的豪迈雄壮

我,以一个普通百姓的形象

感受你的眼神,你的思想

我不由自主地喊出

党啊,亲爱的党

永远跟党走,不回头

我热爱中国共产党

是因为

它像高山像大海

鼓舞着我们的斗志,挺拔着我们的坚强

我依恋中国共产党

是因为

它有母亲的情怀和胸襟

激发了我们的斗志,催生了我们的向往

栉风沐雨

与时俱进

中国共产党是先锋队是播种机

是我们事业的核心力量

从井冈山到延安

从西柏坡到北京城

你把"一穷二白"的落后改造成蒸蒸日上

你把"一带一路"的发展延伸成利益双赢和富强

你看,五星红旗正冉冉升起

雄壮的国歌声在回荡
火箭上天,蛟龙下海
风驰电掣的高铁驮着三大战略
把中国的四大板块精心规划
一片生机勃勃
一切势不可挡
站在高高的山岗
我看到中国共产党正一步步成熟
它正用一代又一代人的义无反顾
让青春出彩,让生命闪光
一间教室,不算宽敞
却能开启聪慧的大脑
一幕舞蹈,不算完整
却能坚定出对美好的渴望
党啊,牢记社会主义的核心价值观
简政放权,精准扶贫
抓住机遇,落实结构性改革
嫣红了奋进的时光
镰刀斧头装点着党旗
金色红色闪烁着共产党员坚如磐石的信仰
看着殷红的旗帜
我不禁感叹
战争时期热血青年的坚韧和成长
我深切体会
父辈们为之奋斗的艰辛与沧桑
那些为建设有中国特色的社会主义而付出的拼搏与代价
那些为实现中国梦,为党旗添光彩的决心与能量
党啊,你见证着不屈与拼搏
创造出来之不易的兴旺与辉煌
风霜雪雨,肝胆相照
曲折历程,叱咤风云
党啊,你和着时代的旋律
带领全国各族人民
撸起袖子,继往开来
砥砺奋进,言行铿锵
江山如此多娇
彰显民族自豪
让我们永远跟党走
擎起不屈的脊梁

让我们永远跟党走

万众一心,同舟共济

携手共进,谱写最美华章

唐山南堡阅读会 2020—朗诵专辑《永远跟党走》向党的生日献礼!

https://p51vv.com/vp/IH8YU6ET?ivk_sa=1024320u

模块六　专业综合能力与职业拓展机会

第一节　综合沟通与表达能力训练展示与评价

在生活中,不免需要经常与人打交道。沟通与表达是一种自然而然的、必需的、无所不在的活动,通过沟通与表达可以交流信息和获得感情与思想。所以,善于沟通与表达在职场上有一定的优势。

一、沟通与表达的作用

沟通与表达主要有两个作用:一是传递和获得信息,信息的采集、传送、整理、交换、反馈,全都是沟通与表达的过程。通过沟通与表达,交换有意义、有价值的各种信息,生活中的大小事务才能得以开展。掌握低成本的沟通技巧、表达能力,了解如何有效地传递信息,能提高人的办事效率,而积极地获得信息更会提高人的竞争优势。好的沟通与表达者可以一直保持注意力,随时抓住内容重点,找出所需要的重要信息,能更透彻了解信息的内容,拥有最佳的工作效率,并节省时间与精力,获得更高的生产力;二是改善人际关系。社会是由人们互相沟通与表达所维持的关系组成的网,人们相互交流是因为需要同周围的社会环境相联系。沟通、表达与人际关系三者相互促进、相互影响。有效的沟通与表达可以赢得和谐的人际关系,而和谐的人际关系又使沟通与表达更加顺畅。相反,人际关系不良会使沟通难以开展,而不恰当的沟通又会使人际关系变得更坏。

二、沟通与表达的基本模式

沟通与表达的基本模式分为两种:一种是语言沟通与表达。语言是人类特有的一种非常有效的沟通与表达方式,语言的沟通与表达包括口头语言的沟通与表达、书面语言的沟通与表达、图片或者图形的沟通与表达。语言的沟通与表达包括我们面对面的谈话、召开会议等。书面语言的沟通与表达包括我们的信函、广告、传真、E-mail 等。图片或者图形的沟通与表达包括一些幻灯片和电影等,这些都统称为语言的沟通与表达。在沟通与表达过程中,语言沟通与表达对于信息的传递、思想的传递和情感的传递而言是更为擅长传递信息的。另一种是肢体语言的沟通与表达。肢体语言包含的内容非常丰富,包括我们的动作、表情、眼神等。实际上,在我们的声音里也包含着非常丰富的肢体语言。我们在说每一句话的时候,用什么样的音色去说,用什么样的语调去说等,这都是肢体语言的一部分。肢体语言更善于沟通与表达人与人之间的思想和情感。

三、沟通与表达的技巧

1. 倾听技巧

倾听能鼓励他人倾吐他们的状况与问题,而这种方法能协助他们找出解决问题的方法。倾听技巧是有效影响力的关键,它需要相当的耐心与全神贯注。

倾听技巧由4个个体技巧所组成,分别是鼓励、询问、反应与复述。

(1) 鼓励:促进对方表达的意愿。

(2) 询问:以探索方式获得更多对方的信息资料。

(3) 反应:告诉对方你在听,同时确定完全了解对方的意思。

(4) 复述:用于讨论结束时,确定没有误解对方的意思。

2. 气氛控制技巧

安全而和谐的气氛,能使对方更愿意沟通。如果沟通双方彼此猜忌、批评或恶意中伤,将使气氛紧张、冲突,加速彼此心理设防,使沟通中断或无效。

气氛控制技巧由4个个体技巧所组成,分别是联合、参与、依赖与觉察。

(1) 联合:以兴趣、价值、需求和目标等强调双方所共有的事务,营造和谐的氛围,以达到沟通的效果。

(2) 参与:激发对方的投入态度,创造一种热忱,使目标更快完成,并为随后进行的事项推动创造积极气氛。

(3) 依赖:创造安全的情境,提高对方的安全感,接纳对方的感受、态度与价值等。

(4) 觉察:将潜在"爆炸性"或高度冲突状况予以化解,避免讨论演变为负面或破坏性局面。

3. 推动技巧

推动技巧是用来影响他人的行为,使之逐渐符合我们的议题。有效运用推动技巧的关键,在于以明白具体的积极态度,让对方在毫无怀疑的情况下接受你的意见,并觉得受到激励,想完成工作。

推动技巧由4个个体技巧所组成,分别是回馈、提议、推论与增强。

(1) 回馈:让对方了解你对其行为的感受,这些回馈对人们改变行为或维持适当行为是相当重要的,尤其是提供回馈时,要以清晰具体而非侵犯的态度提出。

(2) 提议:将自己的意见具体、明确地表达出来,让对方了解自己的行动方向与目的。

(3) 推论:使讨论具有进展性,整理谈话内容,并以它为基础,为讨论目的延伸而锁定目标。

(4) 增强:利用增强对方出现的正向行为来影响他人,也就是利用增强来激励他人做你想要他们做的事。

【课堂工作页】

1. 请谈谈您认为在与人沟通和表达的时候最重要的要素有哪些? 如换位思考,站在别人的角度为别人想想再发表自己的意见等。

_____

_____

_____

_____

_____

_____

2. 作为未来的酒店从业人员,在工作中遇到其他员工与客人起冲突的时候,您将怎样化解危机安抚客户?

_____

_____

_____

_____

3. 小丽是酒店售后服务人员,最近她在平台上收到了 5 条酒店的差评,差评内容都是关于酒店 WIFI 差、房间有异味的问题,您能帮助小丽一起回复这些差评吗?

_____

_____

_____

_____

4. 阅读以下案例,思考并回答问题。

一张机票引发的故事

一位客人匆匆从电梯出来来到礼宾部,要求帮他订一张后天去北京的机票,接待员应声招呼立即做了记录并储存入电脑。客人交代完毕离开,忽又转身似真似假地笑着说:"我要东方航空公司的票"边说边用食指向天划了一下,接待员用手势做了个"0"的手型。客人匆匆走出酒店。

下午,那位客人大步走向礼宾部,满面春风地接过机票低头一看,一脸不悦的神情。机票是西南航空公司的,却不是之前说好的东方航空公司。接待员赶忙解释:"对不起,东方航空公司的机票已订完,我还以为您只是随便说说的。"客人打断接待员的话:"我是随便说说还是你随便订订啊?"接待员忙不迭:"对不起,对不起,是我们的失误"这时,大堂副经理闻声赶来。副经理关切地询问情况并安慰客人,接待员委屈兼带理亏。客人要求理应满足,在满足不了的情况下,事先要向客人解释并征得客人的同意。

客人一走,大堂副经理不停地拨打电话,每放下一次电话脸上都显出无奈与焦急。"什么,还有东方航空的余票,好,谢谢,谢谢,我马上来取。"客人房间门铃叮当一声,起身开门,进来的是大堂副经理。大堂副经理脸上流着汗,手里拿着那张东方航空公司的机票。

"张先生,这是您订的机票,因为我们服务不够周到忽视了您指定的东方航空的班机,真是对不起。现在我们通过其他途径获得了东方航空的机票,请您核收。最后再向您道一次歉,实在是对不起。"客人与大堂副经理握手,并表达了对酒店服务的满意。

（1）请结合以上案例,分析一下案例里的客人、接待员在沟通上存在的问题。

客人：

_____

_____

接待员：

_____

_____

（2）大堂副经理成功地化解了这次危机，您能从中学到什么？请谈谈您的心得。

_____

_____

_____

_____

_____

（3）如果您是案例里的接待员，您会怎样处理为客人订错机票的事情？您会怎样跟客人与大堂经理交代这件事情？

_____

_____

_____

_____

_____

【知行合一】

小组活动：前台接待模拟演练。具体要求如下。

（1）2 人一组，分别饰演前台接待员和客人。

（2）模拟内容：客房服务人员送错了餐点到客房，客人打电话至前台进行投诉。

（3）每组依次进行展示，其他组同学进行点评，并说出每组在展示过程中的优缺点。

第二节　专业综合技能训练展示与评价

加强酒店管理专业学生职业综合素养和服务能力的培养,提高学生的综合职业素养,培养真正符合上海作为世界卓越城市、世界旅游城市和世界会客厅对未来酒店员工的整体要求,具有非常重要的意义。酒店管理从业人员具备优良的职业素养、热情的服务态度,会更加受到公司的欢迎和青睐。因此,组织学生参加专业综合技能训练展示,通过对服务员和客人及评委等角色设计和扮演真实工作服务场景比赛,全面提高学生的观察能力、分析能力、操作能力和语言表达能力及应变等能力。

一、中餐主题宴会服务比赛方案

通过本赛项训练和比赛,全面提高学生对中餐主题宴会的文化内涵的理解和展示,以及对提供优质服务的认识和自信。

1. 比赛内容

(1) 主题设计和台面装饰及介绍。

(2) 餐巾折花和宴会摆台(8~10人位)。

(3) 宴会服务(迎宾、入座和酒水等服务)。

2. 比赛要求

(1) 选手在20分钟内完成台面主题装饰物布置、餐巾折花和餐具合理精准摆放,达到迎宾效果。

(2) 选手迎客和安排入座过程中应热情大方、细致周到,并热情向宾客简单介绍台面主题构思和意境。

(3) 酒水服务符合宾客关系处理原则和热情优雅精准标准。

3. 比赛技术要求参考细则

(1) 按中餐正式宴会摆台,鼓励选手利用自身条件,创新台面设计。

(2) 操作时间15分钟(提前完成不加分,每超过30秒,扣总分2分,不足30秒按30秒计算,以此类推;超时2分钟不予继续比赛,未操作完毕,不计分)。

(3) 选手提前进入比赛场地,裁判员口令“开始准备”则进行准备工作,准备时间3分钟。准备就绪后,举手示意。

(4) 选手在裁判员宣布“比赛开始”后开始操作。

(5) 比赛中所有操作必须按顺时针方向进行。

(6) 所有操作结束后,选手应回到工作台前,举手示意比赛完毕。

(7) 除台布、桌裙或装饰布、花瓶(花篮或其他装饰物)和桌号牌可徒手操作外,其他物件必须用托盘完成。

(8) 餐巾准备无任何折痕,餐巾折花花型不限,但须突出主位花型,整体挺括、和谐,符合台面设计主题。

(9) 餐巾折花和摆台先后顺序不限。

(10) 比赛中允许使用装饰盘垫。

(11) 提供餐桌转盘,比赛时是否使用由参赛选手自定。如需使用转盘,须在抽签之后说明。

（12）比赛评分标准中的项目顺序并不是规定的操作顺序,选手可以自行选择完成各个比赛项目。

（13）物品落地每件扣3分,物品碰倒每件扣2分,物品遗漏每件扣1分。

4. 比赛物品准备

1）餐饮部提供物品

序　号	物　品　名　称
1	餐台(高度为75厘米)、圆桌面(直径为180厘米)、餐椅(10把)、工作台(1个)
2	餐碟、味碟、汤勺、口汤碗、长柄勺、筷子、筷架(各10套)
3	水杯、葡萄酒杯、白酒杯(各10个)
4	牙签(10套)
5	菜单(2个或10个)
6	公用餐具(筷子、筷架、汤勺各2套)
7	防滑托盘(2个)

2）选手自备物品

序　号	物　品　名　称
1	规格台布
2	桌裙或装饰布
3	餐巾(10块)
4	主题装饰物(自创)
5	桌号牌(1个,上面写上参赛队员姓名)

5. 评分标准

1）中餐宴会评分标准

序号	项目内容	完成要求	分值占比(%)
1	主题设计和台面装饰及介绍	突出主题内涵,立体感强,色彩和谐明快,介绍过程流畅,表达准确	25
2	餐巾折花	餐巾准备无任何折痕,餐巾折花花型不限,但须突出主位花型,整体挺括、和谐,符合台面设计主题	10
3	宴会摆台(8—10人位)	摆放过程遵照快捷、优雅、安全和卫生等原则	40
4	宴会服务(迎宾、入座和酒水等服务)	迎客和安排入座过程中应热情大方、细致周到,酒水服务符合宾客关系处理和热情优雅精准标准	20
5	礼仪、妆容和服饰	符合高星级酒店中餐宴会服务标准	5
合　　计			100

2）餐厅服务（中餐宴会摆台）比赛评分标准

项　目	操作程序及标准	分值
台布（5分）	可采用抖铺式、推拉式或撒网式铺设，要求一次完成，两次扣0.5分，三次及以上不得分	3
	台布定位准确，十字居中，凸缝朝向主副主人位，下垂均等，台面平整	2
桌裙或装饰布（5分）	桌裙长短合适，围折平整或装饰布平整，四角下垂均等（装饰布平铺在台布下面）	5
餐桌定位（5分）	从主宾位开始拉椅定位，座位中心与餐碟中心对齐，餐椅之间距离均等，餐椅座面边缘距台布下垂部分1.5厘米	5
餐碟定位（10分）	一次性定位、碟间距离均等，餐碟标志对正，相对餐碟与餐桌中心点三点一线	6
	距桌沿约1.5厘米	2
	拿碟手法正确（手拿餐碟边缘部分）、卫生	2
味碟、汤碗、汤勺（5分）	味碟位于餐碟正上方，相距1厘米	2
	汤碗摆放在味碟左侧1厘米处，与味碟在一条直线上，汤勺放置于汤碗中，勺把朝左，与餐碟平行	3
筷架、筷子、长柄勺、牙签（15分）	筷架摆在餐碟右边，与味碟在一条直线上	4
	筷子、长柄勺搁摆在筷架上，长柄勺距餐碟3厘米，筷尾距餐桌沿1.5厘米	5
	筷子正面朝上	3
	牙签位于长柄勺和筷子之间，牙签套正面朝上，底部与长柄勺齐平	3
葡萄酒杯、白酒杯、水杯（15分）	葡萄酒杯在味碟正上方2厘米	3
	白酒杯摆在葡萄酒杯的右侧，水杯位于葡萄酒杯左侧，杯肚间隔1厘米，三杯成斜直线，向右与水平线呈30度角。如果折的是杯花，水杯待餐巾花折好后一起摆上桌	12
	摆杯手法正确（手拿杯柄或中下部）、卫生	3
餐巾折花（8分）	花型突出主位，符合主题，整体协调	2
	折叠手法正确、卫生、一次性成形、美观大方	6
共用餐具（4分）	公用餐具摆放在正副主人的正上方	2
	按先筷后勺顺序将筷、勺搁在公用筷架上（设两套），公用筷架与正副主人位水杯对间距1厘米，筷子末端及勺柄向右	2
菜单、花瓶（花篮或者其他装饰物）和桌牌号（4分）	花瓶（花篮或其他装饰物）摆在台面正中，造型精美、符合主题要求	1
	菜单摆放在筷子架右侧，位置一致（两个菜单则分别摆放在正副主人的筷子架右侧）	2
	桌号牌摆放在花瓶（花篮或其他装饰物）正前方、面对副主人位	1
托盘（4分）	用左手胸前托法将托盘托起，托盘位置高于选手腰部	4

（续表）

项　目	操作程序及标准	分值
综合印象（20分）	台面设计主题明确，布置符合主题要求	10
	餐具颜色、规格协调统一，便于使用	2
	整体美观，具有强烈艺术美感	4
	操作过程中动作规范、娴熟、敏捷、声轻、姿态优美，能体现岗位气质	4
合　　计		100

二、西餐服务（休闲简餐）比赛方案

通过本赛项训练和比赛，全面提高学生对西餐文化内涵的理解，对提供国际化优质服务的认识，以及提高英语在西餐服务中运用的能力。

1. 比赛内容

（1）西餐餐具准备。

（2）餐巾折花和餐桌摆台。

（3）西餐服务（迎宾、入座、点餐和上主菜、酒水服务及送客）。

2. 比赛要求

（1）选手在5分钟内完成所有餐前准备工作。

（2）餐巾折花符合西餐文化内涵和服务实用性。

（3）餐巾折花和餐桌摆台科学、合理、卫生，6分钟内完成。

（4）选手运用英语完成迎客和安排入座及整个服务过程，应保持热情大方、细致周到。

3. 比赛技术要求参考细则

1）餐前准备工作：10分钟

（1）备齐西餐餐具：2位用。

（2）按习惯和操作方便及卫生整齐原则：整理、检查和擦拭器具。

2）铺台：10分钟

（1）餐巾折花：6个花式不同的盆花（在工作台完成）。

（2）铺台：铺设台布，摆齐桌椅：大刀+大叉+西餐方巾+水杯+花瓶+台号+胡椒盐+黄油碟+黄油刀。

要求：准确度高，桌布铺设位置、四位餐具摆放标准一致；桌椅距离桌布全部一致；动作优美、流畅、轻盈、干练；速度均衡；表情自然、面带微笑。

3）服务流程要点

迎宾→引路→让座→餐前倒水服务→面包服务→点菜→复述菜单→送厨房；为客人调整餐具→示酒→备酒或备饮料→斟酒或倒饮料→上主菜→续水→买单→结束服务→送客。

4）英语表达（参考）

（1）迎宾。

A：Good morning/afternoon/evening, Sir/Madam. Welcome to our restaurant.

Do you have a reservation?

B：Yes, I have.

A：May I have/know your name, please?

B：Yes, my name is xxx.

A：Thank you. Please wait a moment. Let me check it. A table for one, beside the window, is that correct?

B：Yes. Thank you.

A：You are welcome. Is this table OK?

B：OK. Thank you.

A：Take a seat, please.

B：OK. Thank you.

A：My pleasure.

（2）倒水。

A：Would you like something to drink before your dinner?

B：Yes, please.

A：We have mineral water.

Lemon or ice?

B：Lemon \ ice, please. Thank you.

A：You are welcome.\ It's my pleasure.

（3）点菜。

A：Excuse me Sir/Madam. Here is your menu. Have a look please.

B：OK, thank you.（上面包）

A：Excuse me, Are you ready to order, Sir/Madam?

B：Yes, please.

（4）点前菜。

A：What would you like to start? / Would you like a salad first?

Sir/Madam, our xxx salad is very popular in our restaurant.

Would you like to have a try?

B：OK, I'd like xxx salad.

A：It's the best choice.

Are you allergic to any particular food?

B：No, I'm not allergic to any particular food. Thank you.

（5）点主菜。

A：Which main course would you like?

How about the xxx? xxx is the chef's recommendation.

B：Ok. Thank you.

A：How would you like your steak to be cooked?

B：Medium-well .

A：Which dressing would you like to go with your beef/ pork/lamb?

We have several kinds of dressing to choose from.

B：I'd like xxx dressing. Thank you.

（6）推荐酒服务。

A：Would you like some wine with your meal?

B：No.Thank you. We like Coca Cola, please.

（7）复述菜品。

A：May I repeat your order now?

　　You have ordered xxx to start, and followed by xxx soup. The main course is xxx. The wine is xxx, is that correct?

B：That's right. Thank you.

A：My pleasure. Just a moment, please.

（8）结账。

A：Can I help you?

B：May I have the bill, please?

A：Certainly Sir(Madam). Wait a moment.

　　Here is your bill, sir. Please check it.

　　How would you like to settle the bill?

　　Ali pay or credit card?

B：Card.

A：Please sign here.

B：Yes. Here you are.

A：Thank you.

A：Sir. Are you satisfied with the dishes?

B：Yes. Very tasty. I like the steak most, fresh and soft.

（9）送客。

A1：Please take your belongings.

　　　Don't leave your belongings and have a nice day.

A2：Thank you for your coming and hope to see you again.

A3：Hope to see you again.\Have a nice day.

4. 评分标准

序号	项　目　内　容	完　成　要　求	分值
1	西餐餐前准备	快速、准确、安全、卫生	10
2	餐巾折花	餐巾准备无任何折痕；餐巾折花花型不限,但须突出西餐文化特色,整体挺括、和谐,符合台面设计主题	10
3	餐桌摆台	摆放过程遵照快捷、准确、优雅、安全和卫生等原则	15
4	西餐服务（迎宾、入座、上菜和斟酒等服务）	迎客和安排入座过程中应热情大方细致周到,斟酒服务符合宾客关系处理和热情优雅精准,全程英语完成	50

（续表）

序号	项目内容	完成要求	分值
5	礼仪、妆容和服饰	符合高星级酒店西餐宴会服务标准	5
	合　　计		100

三、前台接待比赛方案

通过本赛项训练和比赛，全面提高员工对前台接待服务文化内涵的理解，熟练地为客人提供专业、得体、友好、礼貌的入住接待服务，熟练运用酒店专业知识对客人进行适当的升级销售和推介。

1. 比赛内容

（1）前台接待礼仪和入住等工作规范和流程。

（2）推销本酒店业务及升级销售技巧。

（3）为客人提供叫醒等其他服务。

2. 比赛要求

（1）热情服务和熟练完成对客服务整个流程及其他咨询引导等服务（10分钟内完成）。

（2）推销本酒店业务并巧妙运用升级销售技巧。

（3）如使用英语，按表现能力和效果加分。

3. 前台接待技术要求

1）基本要求

序号	项目内容	比赛要求
1	妆容和服饰	面容男生不留须；女生化淡妆
		头发男生前不过眉，侧不及耳，后不及领，不染不符合酒店接待发色；女生不留披肩发，短发不过肩，长发要束髻，不染不符合酒店接待发色
		男生着符合前台接待的白色衬衫、黑色或者深蓝色西服套装；女生着符合前台接待的深色西服套装
		男生着黑色裤子、黑色皮鞋；女生着肉色或黑色丝袜、黑色皮鞋
		男生指甲修剪干净；女生指甲不染夸张颜色
		项链、手链、珠串不外露，不佩戴除耳钉以外的耳饰，不佩戴运动手表，不戴有色美瞳、夸张眼镜，不用过多的香水、须后水
2	接待礼仪	主动问候客人
3	前台接待	前台入住、离店结账流程
		结合酒店自身产品进行营销
		客房升级销售处理方案表达的流利度
		行李寄存和外卖、快递等服务
		周边旅游交通咨询问答，语言表述专业、流畅

（续表）

序号	项目内容	比　赛　要　求
3	前台接待	聆听并表达为客人解决问题的态度
		感谢顾客
按时完成、表达流畅、英语加分		

2）中英双语交流（参考）

（1）入住登记。

R：早上好，先生，需要我帮助吗？

　　Good morning, sir. How may I help you?

G：我在你酒店网站上预定了房间，你能帮我办理入住吗？

　　I have a booking from your hotel website, could you have a check for me?

R：可以，您的护照？谢谢。

　　Yes, may I have your passport? Thank you, sir.

R：萧先生，您预定了1晚无烟房朝南的房间。

　　Mr Xiao, I already found that you booked a non-smoking room facing south for one night from our website.

G：是的，噢噢，还有，我有公司的协议价格，你能按照协议价办理入住吗？

　　Yes, that's correct. Oh … . Oh … I remember that I have a corporate rate. Could you have a a check for me?

R：请稍等，萧先生，我看到了，是600人民币一晚，包含一顿早饭和2件衣服的洗涤。

　　Please wait for one moment. Yes, Mr xiao. I already found it. It Is 600 RMB per night including a breakfast and two items for laundry.

G：是的，正确，请帮我办理。

　　Yes, wonderful! Please do the checking-in for me.

R：没问题，先生，马上。

　　No problem sir, I will do that immediately.

R：好了，萧先生，1晚600元。无烟房，特大床房，房间号1203，含一顿早餐。早餐在一楼咖啡吧101，这是您的房间钥匙。

　　Yes, Mr Xiao .You will be staying for 1 night at the rate of 600 RMB, non- smoking, king-size room, room number 1203, including a breakfast. The breakfast is on the first floor cafe 101. Here is your room key card.

G：非常感谢。

　　Thank you very much. You are really helpful.

R：我很乐意，祝你入住愉快。

　　My pleasure, Mr Xiao .Enjoy your stay.

（2）升级销售。

王先生到酒店前台正常办理入住手续，但客人预订了一间没有早餐的标准间。客人表示想要 2 份早餐,并想使用酒店的俱乐部休息室。在这种情况下,如何升级销售?

Mr Wang went to the front desk of the hotel to make a normal check in, but he booked a standard room without breakfast. Mr Wang indicated that he want two breakfasts and use the hotel's club lounge. In this case, how could you up-sell?

R:按照您的要求,我们的行政房更适合您,因为这间房包含 2 份早餐,并可以免费使用酒店的俱乐部休息室,而价格只在原价基础上加 200 元而已,还能享受行政楼房的高档服务。请问您需要吗?

Mr Wang, according to your requirements, our executive room is more suitable for you, because the room rate includes two breakfasts, you can use the club lounge of the hotel for free, and the rate is only 200 yuan on the basis of the original price. You can also enjoy the high-end service of the executive building. Would you like to upgrade it?

G:听上去挺不错的,那就换成行政房。

Sounds nice. Let's change it to executive room.

R:好的,现在就为您办理入住手续。

Very well, I'll check you in right now.

4. 评分标准

序　号	项目内容	完　成　要　求	分　值
1	接待服务礼仪	主动问候、耐心咨询、热情引导	15
2	前台服务	熟练掌握前台入住流程	30
		结合酒店自身产品进行营销	20
		客房升级销售处理技巧	20
		为客人提供叫醒等其他服务	10
3	礼仪、妆容和服饰	符合高星级酒店前台接待服务标准	5
合　计			100

四、客房服务比赛方案

通过本赛项训练和比赛,全面提高员工对提供国际化优质客房服务的认识,提高房务服务标准化水平和员工综合职业能力。

1. 比赛内容

(1)中式铺床全套技能(大床房和双标房)。

(2)开夜床服务技能。

(3)楼层服务技巧(双语):打扫房间、送餐服务。

2. 比赛要求

1)客房中式铺床现场操作规则要求

(1)按客房中式铺床流程,根据赛委会统一提供设备物品进行操作。

(2)20 分钟内完成大床房和双标房各一间共三张床铺设及其用品摆放、卫生间打扫等。

（3）操作过程中，选手不能跑动、跪床或手臂撑床，每违例一次扣2分。

2）开夜床服务要求

（1）整理床铺、准备物品（准备工作时）：位置正确，操作规范。

（2）被子折角：将被子翻折于床上一侧的直角边与被子中线重合；折角平整，下垂自然。

（3）摆放晚安卡、矿泉水及水杯等其他用品：突出温馨、创意，符合客人的需求。

（4）铺地巾、放拖鞋：科学合理，卫生安全，符合客人需求。

3）楼层服务

以保证客人安全、隐私和便于打扫和送餐等服务为原则。

3. 客房服务技术要求

1）中式铺床基本规则

（1）按客房中式铺床流程，根据组委会统一提供设备物品进行操作。

（2）客房中式铺床：大床操作时间4分钟，双标床操作时间3分钟（提前完成不加分，每超过10秒扣2分，不足10秒按10秒计算，超过1分钟不予继续比赛，裁判根据选手完成部分进行评判计分）。

（3）选手必须佩带参赛证提前接受检录，然后佩戴参赛号牌进入比赛场地，在指定区域按组别向裁判进行仪容仪表展示，时间1分钟。

（4）在裁判员统一口令"开始准备"后进行客房中式铺床准备，准备时间2分钟。准备就绪后，选手站在工作台前、床尾后侧，举手示意。

（5）选手在裁判员宣布"比赛开始"后开始操作。

（6）操作结束后，选手立于工作台前，举手示意比赛完毕。

（7）比赛在指定真实客房中进行，按高标准服务要求完成。

（8）操作过程中，选手不能跑动、跪床或手臂撑床，每违例一次扣2分。

2）中式铺床程序和标准

（1）整理床垫（准备工作时）：位置正确、平整，四边平齐，床垫无污迹、无毛发、无破损，床垫拉正对齐。

（2）抛铺床单：开单、抛单、打单定位一次成功；床单中线居中，不偏离中线；床单正面朝上，表面平整光滑；包角紧密垂直且平整，式样统一；四边掖边紧密且平整。

（3）套被套：站在床尾，一次性抛开被套，平铺于床上，被套口向床尾打开，羽绒被芯放置于床尾，被芯长宽方向与被套一致；将被芯两角一次性套入被套内，被芯头部塞入被套顶部并填实，抖开被芯，四角定位，被芯与被套两边的空隙均匀；抛开羽绒被，被头拉到与床垫的床头部位齐平，一次定位成功；被头朝床尾方向反折45厘米；被套中线居中，不偏离床中线；羽绒被在被套内四角到位，饱满、平展，羽绒被在被套内两侧两头平整，被套表面平整光滑，被套口平整且要收口，被芯、绑绳不外露。

（4）套枕套：将枕芯平放在工作台上，撑开枕套口，将枕芯往里套；抓住枕套口，边提边抖动，使枕芯全部进入枕套里面；将超出枕芯部分的枕套掖好，枕套开口包好不外露，并把枕套口封好；套好的枕头须四角饱满、平整，且枕芯不外露。

（5）放枕头：枕头放置于床头中央，枕头边与床头边平行，枕头开口朝下并反向床头柜；放好的枕头距床两侧距离均等，整个枕头表面平整、光滑、无皱折，枕套中线与床单中线在一条线上。

（6）外观：床铺整齐美观，整张床面挺括，三线对齐。

（7）总体印象：竞赛中，选手操作规范、自如、轻松紧凑，动作优美，技术娴熟，不能跑动、跪床或手臂撑床，不重复。

3）其他相关说明

（1）床单和被套叠法：正面朝里，沿长边对折两次，再单边朝里沿宽边对折两次。被芯折叠法：沿长边 S 型折叠，再两头向中间折，然后对折。

（2）选手不可在床头操作，其余位置不限。

（3）床架（含脚）加床垫高度为 49 厘米（误差 1 厘米）。

（4）所有比赛用品均由承办方提供，选手不得自带比赛用品参加比赛。

4）开夜床服务程序和规则

（1）整理床铺、准备物品（准备工作时）：位置正确，操作规范。

（2）被子折角：将被子翻折于床上一侧的直角边与被子中线重合；折角平整，下垂自然。

（3）摆放创意用品、矿泉水及水杯：在床头柜上摆放晚安卡（环保卡）、矿泉水及水杯（含杯垫、杯盖）；物品摆放位置合理，方便客人使用，卫生。

（4）铺地巾、放拖鞋：将地巾摆放于折角一侧，地巾靠床头边与被子翻折 45 厘米（靠近床头一侧）齐平；地巾靠床体边与被子下垂边沿垂直齐平；拖鞋摆放于地巾之上，鞋头朝外。

（5）整体效果：三线对齐，床品清洁，平整美观，方便使用，凸显创意特色；操作过程动作规范、娴熟、敏捷。

5）比赛流程和要求

"比赛开始"口令发出后。

（1）选手到指定布草间领取所需用品。

（2）选手推布草车分别进入比赛指定客房完成铺床项目。

（3）根据抽签结果，选手在其中一间客房布置夜床。

4. 评分标准

序号	项目内容	完 成 要 求	分值
1	布草准备	快速、准确、安全、卫生	10
2	中式铺床现场操作	（1）按客房中式铺床流程，10 分钟内完成大床房铺床和卫生美化等工作；	20
		（2）按客房中式铺床流程，10 分钟内完成双标房铺床和卫生美化等工作	25
3	开夜床服务技能	突出开夜床温馨、浪漫、有创意，符合客人的需求；铺地巾、放拖鞋等环节：科学合理、卫生安全，符合客人需求	30
4	楼层服务技巧	以保证客人安全、隐私和便于打扫和送餐等服务为原则完成整个过程（英语加分）	10
5	礼仪、妆容和服饰	符合高星级酒店客房服务标准	5
合　计			100

【课堂工作页】

1. 您作为酒店管理专业的一员，在读书期间您选择参加哪一个技能大赛锻炼自己？

选择参加的比赛	选择的原因

2. "知识改变命运,技能成就未来",您是如何理解这句话的?

_____

_____

_____

_____

【知识链接】

世界技能大赛

　　世界技能大赛是"技能界的奥林匹克",其中"酒店接待"赛项要求选手全程用英文完成前、后台共18个模块的任务考核。前台模块共计16个任务,主要以酒店前台接待情景为考核方式,以考察选手的前厅接待技能、跨文化交流、职业形象、礼仪修养、宾客公共关系、销售技巧、处理突发事件的能力以及Opera酒店管理信息系统操作能力等。后台主要考核的是针对VIP客户的城市游旅游线路策划和酒店经营指标数据核算。"酒店接待"赛项对选手的专业技能、文化素养和英文沟通能力都提出了极高的要求。

　　"餐厅服务"赛项是指在餐桌上或吧台提供个性化菜肴和饮料服务的竞赛项目。项目共分咖啡制作及服务、宴会服务(边台铺设及餐厅折花、铺设宴会4人台)、酒吧服务(鸡尾酒调制及服务)三个项目。比赛中对选手的技能要求主要包括:具备广泛的国际餐饮知识;掌握一套完整的服务总规则;保持沉着、机智、良好的行为举止,能与客人进行良好互动;灵活服务,根据不同场合提供令客人满意的服务;遵循职业健康与安全规范、最低耗材及环保操作的有关规范。

第三节　高标准面试综合应对能力

　　面试是公司在招聘人员时,考官对应聘者的知识、能力、经验等有关素质的一种考试活动,是公司挑选员工的一种重要方法。通过了面试就是公司的一员了,但往往许多人在这一环节表现得不是很好而不被公司所录取,其实这与自己在面试前做的准备工作有很大关系。

一、面试前准备

1. 订立周详的求职计划

了解自己的目标,然后细心阅读招聘广告、搜集和了解招聘公司的资料、背景和选人要求。

用心撰写求职信和履历表,这样获邀面试的机会必定大增。

2. 梳理专业知识

尤其要强化与求职单位业务相关的专业知识,其他课程也要浏览一遍,大多数公司的笔试题目不分专业。

3. 制作个人简历

用数据、案例等证明个人综合能力,在面试的时候这些能力也要体现出来。

4. 了解目标公司

要通过不同的渠道了解一下要面试公司的相关资料以及了解自己所要面试的岗位。对面试公司的发展前景有个大概的了解,以及公司的文化背景。当你了解过公司后,面对考官对公司相关信息的提问,才不会一无所知,无形中考官对你的印象也会很好。

二、面试服饰和礼仪

面试也是有穿着讲究的,不能正式得太夸张或者太过随意。许多面试者会误认为面试是一定要穿得漂亮,这导致许多求职者在面试时打扮过火、过于时尚,要穿着合适的衣服去面试。当面试官看到一个穿得得体的人来面试时,自然第一印象就很好,这对你的成功率有很大的帮助。礼仪是无声的"语言",是衡量个人形象的重要标准。作为大学毕业生,面试中礼仪其实占了很大的比重。参加面试时,要掌握必要的基本礼仪,学会推销自己,为成功求职铺平道路。只有这样,才能发挥自己的竞争优势,在求职中取胜。也有利于工作后处理好各种人际关系,为今后的工作顺利开展奠定基础。

男生穿西装时,避免穿着过于旧的西装,颜色以素净为佳,衬衫以白色为主。尽量选择颜色明亮但又不过于鲜艳显得花哨的领带,领带尽可能别上领带夹。以穿着熨烫笔挺的长裤为好,忌裤腿太短、裤腿管太大。皮鞋应以黑色为佳,并配以深色袜子,忌配运动式皮鞋、白色袜子。

女生面试时尽量选择带领子、袖子的服装,注意着装整洁,套装是最合宜的装扮。裙装不宜过短。应穿着高跟鞋,最好避免平底鞋,千万不要穿拖鞋。服装要遵守三色原则,服装颜色以淡雅或同色系的搭配为宜,颜色切勿过于花哨,样式亦不宜暴露。

到公司面试,在任何情况下都要注意进房先敲门,待人态度要从容,有礼貌;眼睛平视,面带微笑;与人沟通说话要清晰,音量适中;倾听和回答问题神情专注,切忌边说话边整理头发;手势不宜过多,需要时适度配合。面试结束,要礼貌地与主考官握手并致谢,轻声起立并将座椅轻手推至原位置。出公司大门时对接待小姐表示感谢。

三、面试常见问题

1. 表达应对

如:请用三分钟的时间做一下自我介绍,请重点介绍社会实践或社团活动中的工作经历和体会。

这个问题是通过对应聘者自我陈述及回答问题时的反应情况进行评价。

2. 责任感、耐力

如:你愿意从事一份收入颇丰但比较艰苦的工作吗? 回答并说明为什么?

这个问题是评价应聘者是否能以工作为导向。

3. 压力应变能力

如：请举一个学习或工作经历中遇到的最困难的一件事，并说明遇到的困难对自己当时的影响程度及最后如何解决的。

这个问题是评价应聘者的压力应变能力，所经历困难的难度是否大及解决的方式是否对自己的成长有帮助。

4. 诚信正直

如：请你举例说明，在涉及原则或规则问题时，你是否敢于站出来坚持自己立场。

这个问题就是考核应聘者所举的例子是否恰当，该例子中涉及的问题是否严重及所采取的方法是否妥当。

5. 团队合作能力

如：你认为如何才能有效地进行团队合作？

这个问题是考核应聘作为团队的一员，是否能够公开坦诚地与团队共享信息和资源，是否愿意并富有建设性地参与工作，是否能够关注团队的整体目标，并为了团队的利益调整自己的位置，是否能够重视他人的看法、专长和所提供的信息。

【课堂工作页】

1. 请和小组成员讨论，至少补充 3 条面试过程中应避免事宜。

序　号	应 避 免 事 宜	序　号	应 避 免 事 宜
1	迟到	5	
2		6	不懂装懂
3	浓妆艳抹	7	
4		8	指责别人

2. 综合能力包括很多方面，在职场中主要有工作能力、沟通表达能力、组织能力以及社交能力等。张华在参加公司面试时，有一面试题目："'打铁还需自身硬'请谈谈您对这句话的理解。"请您思考一下，帮助张华回答这个问题。

_____

_____

3. 作为酒店管理专业人员，在面试过程中，如遇到考官问"遇到客人投诉，你会怎么办？"的问题，请和同伴沟通后进行描述。

_____

_____

4. 阅读以下案例,思考并回答问题

不靠谱的张先生

张先生是做销售的,经他人介绍去了一家大公司与 HR 面谈。因为张先生没有带简历,HR 和他只是进行了比较简单的交流,约定好面试之后张先生给人事科发送一份电子版的简历。可是人事科等了一星期也没接到张先生的简历,于是又给张先生去了电话追问结果。张先生立即说:"我正准备给您发邮件呢。这几天特别忙,不好意思啊!"人事工作人员还是让张先生进入了下一轮面试,可是打张先生的电话总是无人接听。过了两天,在工作人员的坚持之下才好不容易联系到了张先生。张先生之后见过了公司的总监,也通过了复试。工作人员又给张先生安排了测评和总经理面试,他都非常顺利地通过了。与张先生的沟通过程中,工作人员印象最深刻的是打张先生的电话很难找到他。

公司与张先生谈好了录取的事宜,他提出要过 2 个月才能入职的要求。公司总监让人事工作人员与张先生保持联络。过了一个月,工作人员打电话询问张先生离职交接手续的办理进度,可是又联系不到张先生了,电话打通了之后不是关机就是没有人接听。后来工作人员收到了张先生的短信说他在外地出差,下午回电话。但是一天过去了,工作人员也没接到张先生的电话。工作人员把这件事情反馈给了用人部门的总监,该总监之前就遇到过类似的员工,觉得这种人说话不靠谱,于是决定不录取张先生了。

应聘面试,陈先生不知自己应聘的职位

陈先生在一家知名企业工作,被派驻到了海外,但因家庭的原因,他希望回居住地发展。于是,他开始投递简历、进行面试。他海量地往多家公司投递简历,以至于他自己都不记得投递过多少家公司。有一天,他接到了一位人力资源工作人员的电话通知,希望他能去公司面试。他信心满满地穿了一身职业装,第二天按时前往。面试开始了,HR 很礼貌地和他沟通,请他讲述一下他的工作经历,在过程中也询问了一些情况。陈先生的工作经历与他所应聘的岗位有一定联系,然则也有很多不足之处。于是人力资源工作人员便向陈先生询问其对所应聘职位的职责和要求是否清楚。但陈先生竟然不记得自己应聘的到底是什么职位,更说不清该岗位具体负责什么和该岗位的要求。不仅如此,当工作人员提示了陈先生之后,他依然对该岗位所要求的产品方面的知识一无所知。在这样的情况下,工作人员对陈先生感到非常失望,一个多年工作的职场人,重新找工作的时候竟然如此盲从。工作人员告知陈先生在面试前需要对行业知识进行一下了解,陈先生竟然自负地说:"我面试了多少家公司了,用不着你来教我怎样面试!"之后愤然起身离去。

请结合以上案例,分析一下张先生和陈先生在面试过程中存在的问题,请至少写出三条。

张先生	
陈先生	

【知行合一】

小组活动,模拟面试。

要求:

(1) 3 人为一组;

(2) 1 人扮演应聘者,2 人扮演面试官,如此轮转,每位同学都有机会扮演其中的角色;

(3) 每个小组,至少选择和描述其中 1 位应聘者的衣着、礼仪、神态、回答问题的能力等,并做小组汇报;

(4) 以下问题为您提供参考。

衣着:

_____

礼仪:

_____

神态:

_____

回答问题的能力:

_____

参 考 文 献

［1］ 黄伟力.人生第一扣：社会主义核心价值观读本（大学使用本）［M］.上海：上海交通大学出版社,2015.
［2］ 宗敏.大学生生涯规划与个人成长［M］.北京：知识产权出版社,2018.
［3］ 王立胜,涂可国.崇高的中国精神——共和国英雄模范人物的世界观、人生观和价值观［M］.北京：社会科学文献出版社,2019.
［4］ 文静.金钥匙职业修炼［M］.北京：旅游教育出版社,2019.
［5］ 张添.一家酒店和一个伟大的时代：白天鹅宾馆传奇［M］.广州：广东旅游出版社,2018.
［6］ 谢春山,邹本涛.酒店文化［M］.北京：北京理工大学出版社,2019.
［7］ 商连生.职业精神与职业素养［M］.武汉：华中科技大学出版社,2020.
［8］ 程时用,等.美学与艺术欣赏（21世纪高职高专规划教材·通识课系列）［M］.北京：中国人民大学出版社,2011.
［9］ 洪艳.美学与艺术欣赏［M］.上海：复旦大学出版社,2020.